Wintergärten, Terrassen und Innenhöfe

Tips und Anregungen für die Gartengestaltung

Arend Jan van der Horst

KARL MÜLLER VERLAG

Text: Arend Jan van der Horst
Gestaltung: Ton Wienbelt, Den Haag
Redaktion: TextCase, Groningen
Fotoredaktion: Marieke Uiterwijk, TextCase

Übertragung aus dem Niederländischen: Eelco Hooijer
Lektorat: Alexander Troche

5 4 3 2 1 96 97 98 99 00

Inhalt

Vorwort

Der Gartenbau entstand bereits, als der Mensch in der Vorzeit begann, ein Stück Boden vom umgebenden Land abzugrenzen. Die Gründe dafür liegen auf der Hand. So wollte der frühe Bauer seine Tiere vor deren natürlichen Feinden schützen. Vielleicht war es auch nur, um Pflanzen, die er züchten wollte, zum Zweck der Ernährung in der Nähe zu haben und vor allen Dingen, um keinen Zweifel an der Eigentumslage aufkommen zu lassen. Um zu erfahren, welche Gewächse verwendet wurden, kann man in alten Gezeitenbüchern nachschlagen, in denen die Fruchtperioden verzeichnet sind. Kräuter, Gemüse und das Vieh wurden durch Weidengeflecht eingezäunt, wie es auf vielen alten Illustrationen zu sehen ist.

In Nordeuropa wurde dazu Maidorn und Ilex genommen, indem man beides miteinander verflocht. So entstanden aus natürlichen Materialien undurchsichtige grüne Hecken. In Städten oder kleineren Dörfern war das nicht immer möglich, so daß man die Trennwände aus Holz, Lehm oder gemauertem Stein baute. Wer schon sehr alte Städte gesehen hat, weiß, daß raumtrennende Wände bereits zum Stadtbild gehörten.

In Europa findet man heute noch viele Städte, in denen Straßen seitlich durch Mauern begrenzt sind. Besonders schön ist dies in Spanien zu sehen, wo in Städten wie Sevilla und Cordoba ummauerte Gärten touristische Anziehungspunkte bilden. In diesen über Jahrhunderte von Muslimen regierten Städten pflegte man die Mauern an weißgestrichenen Häusern zu verputzen und ebenfalls weiß zu tünchen. Es war üblich, die Innenhöfe mit schmiedeeisernen Türen zu versehen, durch die Licht fließen konnte. Heute ist es Brauch, an die Wände viele Terrakottagefäße zu hängen, aus denen verschiedene bunte Pflanzensorten sprießen, die die einfarbigen Wände farbenfroh gestalten. Einen solchen spanischen Innenhof nennt man „Patio". In diesem Buch soll der Innenhof im eigentlichen, aber auch im weiteren Sinn behandelt werden, da es zahlreiche Varianten gibt, die sich von ihren spanischen Vorbildern doch stark unterscheiden. Zum Beispiel ein geschlossener kleiner Garten innerhalb eines größeren Gartens. Auch solche Anlagen werden in diesem Buch berücksichtigt.

Arend Jan van der Horst

Wärmende Mauern aus Stein

Einmal war ich bei Gartenliebhabern in einer niederländischen Stadt zu Besuch, die mir von der gelungenen Sanierung ihres alten Stadtteils berichteten.

Ziegelsteine speichern Wärme, weshalb man früher schon Innenhöfe und teilweise auch Gemüsegärten ummauert hat. Die Abbildung zeigt wilden Wein, der sich im Herbst prächtig rot verfärbt.

In dem bis dato etwas heruntergekommenen Stadtteil standen alte Häuser mit kleinen Gartenparzellen dahinter. Es wurde beschlossen, alle Gärten durch Wege von hinten zugänglich zu machen. Die Wege schnitten jedoch immer etwas von den ohnehin kleinen Grundstücken ab; die alten Einfriedungen konnten nicht erhalten werden. Es mußte eine neue und platzsparende Begrenzung gefunden werden und man beschloß, die Gärten mit Mauern zu umgeben. Dieser gute Einfall des Stadtrates resultierte in einem aufwendigen und teuren Projekt, dessen Kosten die meisten Bewohner dieser alten Häuser nie hätten tragen können. Die Investition der Stadt erwies sich jedoch als lohnend, da die Mauern auch bei der kleinsten Parzelle eine attraktive Vergrößerung des Wohnraumes schufen.

Ich saß mit meinem Gastgeber in dessen 4 x 4 Meter kleinen Garten, der durch die Umgestaltung zum Innenhof geworden war. Durch die Backsteinmauer war es gemütlich, und man hatte nicht das Gefühl, daß die Nachbarn oder Passanten die gemütliche, private Atmosphäre stören könnten. Damals wurde mir die Bedeutung einer Gartenmauer bewußt, gerade in diesem kleinen Garten, wo eine Hecke oder ein Strauchgürtel niemals das Gefühl von Sicherheit und Intimität hätte geben können. Die den Garten begrenzenden Klinkermauern waren so hoch, daß ein Erwachsener nicht über sie hinwegsehen konnte; demzufolge betrug die Höhe etwa zwei Meter.

Der Boden war belegt mit grauem Naturkies, ein für Patios sehr

Hier ist ein gemauerter Schuppen, der durch Verputzen eine toskanische Atmosphäre erhielt. Perfekt ist der Eindruck erst durch die typischen Attribute wie die Hängegeranien, die Säulen und den Sonnenzeiger.

geeigneter Belag. An der Mauer rankte Wein, davor standen noch einige Töpfe mit Einjährigen, und es war noch genug Raum für einen runden Tisch mit bequemen Stühlen, wo man bis tief in die Nacht sitzen konnte.

Das Verlangen nach Überschaubarkeit und Sicherheit ist fast jedem Menschen zu eigen, jeder sucht einen Ort an dem er ungestört draußen sitzen kann. Allerdings traf ich auch einige Gartenliebhaber, die einen solchen Platz beengend finden und große, weite Gärten bevorzugen. Diese Menschen sind jedoch in der Minderheit.

Daß noch andere Varianten kleiner geschlossener Plätze denkbar sind, wurde mir bei einem Bungalow klar, der außerhalb der Stadt lag. Auf einer Seite waren Wiesen und Gräben, so weit das Auge reichte. Der von dort wehende Wind machte eine Abschirmung des Gartens erforderlich. In diesem Fall waren drei Seiten des Innenhofes vom Bungalow und den Mauern begrenzt, daher war nur auf der Südwestseite, der Hauptwindrichtung, eine Wand notwendig. Ich erhielt von den Bewohnern den Auftrag, dafür eine praktische Lösung zu finden. Ich schlug eine Mauer mit einem darin integrierten Schiebeelement vor, das sich bei günstigen Windverhältnissen öffnen ließ. Davor errichtete ich eine große Holzterrasse. Der übrige Garten wurde mit einigen kleineren Terrassen, einem großen Teich sowie vielen Rosen und Stauden gefüllt.

So läßt sich der Patio bei mildem Wetter öffnen, oder bei windigem Wetter als Innenhof nutzen.

In Powis Castle in Hertfordshire, an der Grenze zwischen England und Wales, gibt es einen interessanten Garten. Außer schönen Anlagen, Statuen und Pavillons stehen dort warme Backsteinmauern mit Sitzbänken in zarten Farben davor. Der Pflanzenkübel ist aus Blei.

Ein niederländischer Bauerngarten

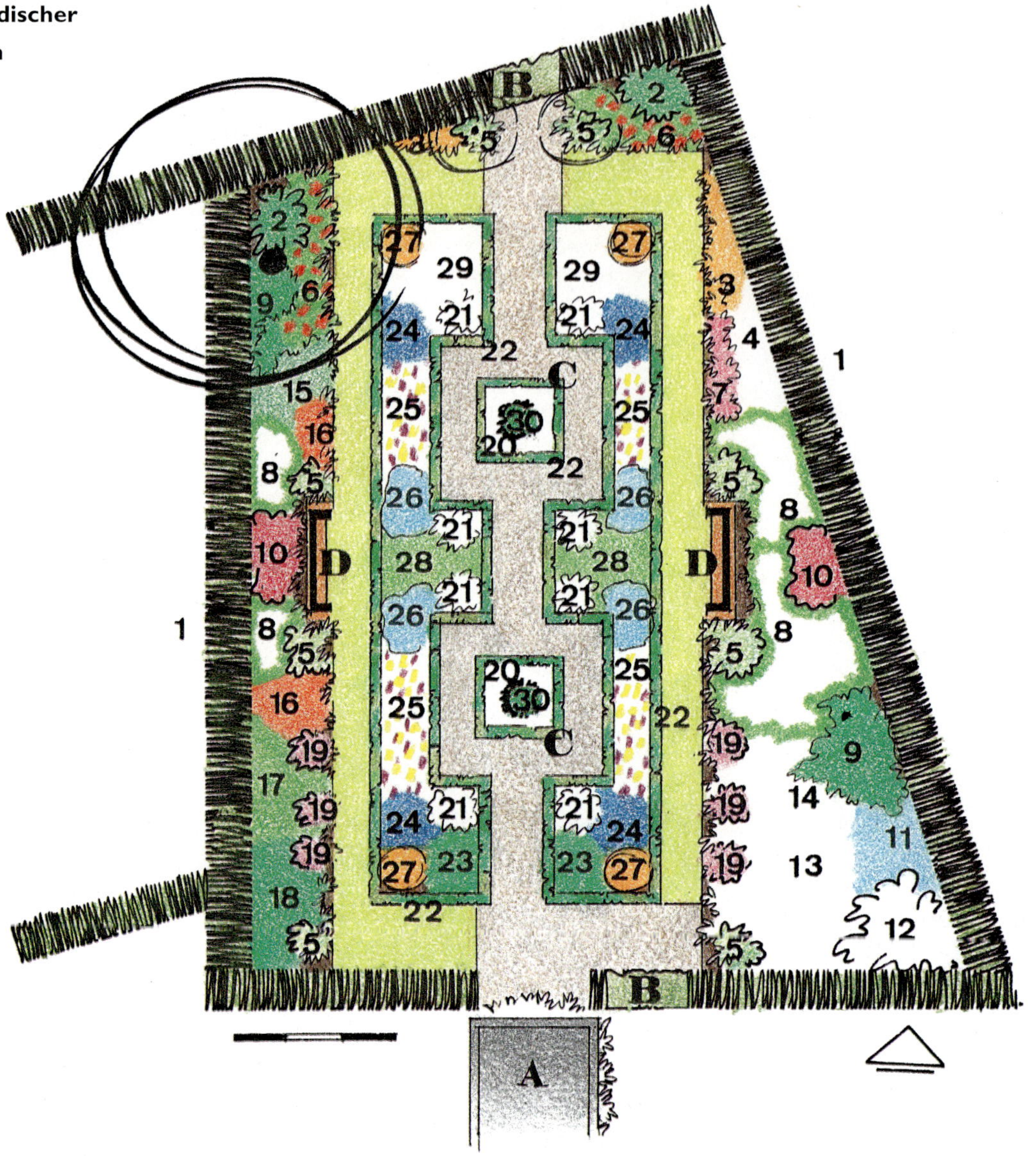

A Waschhaus eines alten Bauernhofes
B Bogeneingang in einer Buchenhecke
C *Juniperus communis*, Wacholder, als zentrale, immergrüne Säulen
D Sitzbänke

1 Hecke aus *Fagus sylvatica*
2 *Levisticum officinalis*, Liebstöckel
3 *Tanacetum vulgaris*, Rainfarn
4 *Mentha rotundifolia* 'Variegata', Minze
5 *Artemisia absinthium*, Beifuß
6 *Fragaria vesca*, Walderdbeere
7 *Thymus vulgaris*, echter Thymian
8 *Mentha piperita*, Pfefferminze
9 *Salvia sclarea*, Salbei
10 *Valeriana officinalis*, Baldrian
11 *Agastache foeniculum*, Fenchel-Riesenysop
12 *Angelica archangelica*, Engelswurzel
13 *Armoracia rusticana*, Meerrettich
14 *Myrrhis odorata*, Kerbel
15 *Coriandrum sativum*, Koriander
16 *Sanguisorba minor*, Wiesenknopf
17 *Satureja montana*, mehrjähriges Bohnenkraut
18 *Origanum vulgare*, Majoran
19 *Allium schoenoprasum*, Schnittlauch
20 *Anthemis nobilis*, Kamille
21 *Artemisia abrotanum*, Zitronenmelisse
22 Einfassung aus Kräutern wie *Lavendel, Teucrium, Heiligenkraut, Katzenminze, Majoran*
23 *Ocimum basilicum*, Basilikum
24 *Aconitum napellus*, Kapuzinerkresse
25 *Viola tricolor*, Stiefmütterchen
26 *Anchusa officinalis*, Ochsenzunge
27 *Ruta graveolens*, Weinraute
28 *Teucrium chamaedrys*, Gamander
29 *Asperula odorata*, Frauenmantel
30 *Juniperus communis*, Wacholder

Bretterwände und Lattenzäune

In kleinen und vielleicht etwas verwahrlosten Stadtgärten stehen manchmal noch alte Gartenzäune, die durch den Lauf der Zeit eine grünliche Patina angenommen haben und schon etwas eingefallen sind.

Spannen sie entlang der Bretterwand Drähte, und säen Sie Wicken Latyrus. *Pflücken Sie soviel wie möglich Blüten ab, um die Blühdauer zu verlängern.*

Aber doch gibt es trotz eines heruntergekommenen ersten Eindruckes, den der Zaun und der Garten erwecken, angenehme Empfindungen. Nicht selten steht in einem solchen Garten ein alter Holunderbusch, ein großer *Aucuba* oder ein *Rhododendron*, der sich bei der Neugestaltung des Gartens vorzüglich einbeziehen läßt. Es wäre schade, den alten Zaun, der durch die Verwitterung richtiggehend Charakter erhalten hat, einfach zu ersetzen. Ein neuer Zaun ist nicht nur kostspielig, sondern er muß auch herantransportiert, passend gemacht und versiegelt werden. Warum also nicht nur ein paar neue Pfähle nehmen und ihn damit restaurieren, damit seine reifen Farbtöne Sie viele weitere Jahre erfreuen können?

Ich erinnere mich an viele ehemals grüne Gartenzäune, die jetzt eine ansprechende bläulich-grüne Oberfläche haben. Man ist in dem Drang, Ordnung zu schaffen, tatsächlich versucht, alles Alte völlig zu beseitigen. Zuwenig sieht man die romantische Seite und stellt sich das verwitterte Holz z.B. zusammen mit pastellrosa oder blauviolett blühenden *Clematis* vor. Meistens gibt es Gründe für den kaum zu bremsenden Drang zum Verändern: Man braucht seine Privatsphäre auch im Garten und wählt dazu den einfachsten Weg: einen Bretterzaun.

Waagerechte Bretter

Früher wurde im Garten noch nicht viel Hartholz verwendet. Das Versiegeln des Materials war mit Karbolineum oder Öl recht primitiv,

Diese braungebeizte Holzwand formt einen natürlichen, warmen Hintergrund für die verschiedenfarbigen Stauden.

Indem an der Wand ein Holzgitter aufgestellt wird, entsteht ein ideales, natürliches Rankgitter für Kletterpflanzen.

auch Teer fand seinen Einsatz. Alle diese Mittel schaden jedoch der unmittelbar in der Nähe stehenden Vegetation, gerade bei Wärme sondern sie Giftstoffe ab. Heute gibt es verschiedene Beizmittel, die für die Pflanzen am Zaun unschädlich sind. Es wird auch mit einem Salz imprägniert, welches einen grünlichen Farbton gibt. Auch wenn es mit der Zeit ergraut, bleibt die Färbung doch hell.

In der Regel werden die Zaunpfähle in gegossenem Beton verankert. Das ist eine ausgesprochen stabile und auch optisch gut zu vertretende Lösung, wenn die Erde den Beton verdeckt. Die bessere Methode, weil preiswerter und umweltfreundlicher, ist die Verwendung von Holzpflöcken als Verankerung für den Zaun. Dieses spezialbehandelte Holz ist erstaunlich haltbar und obendrein einfach in der Handhabung.

Werden die Bretter waagerecht angebracht und untereinander durch Nut und Feder verbunden, ist das Risiko viel geringer, daß das Holz durch Feuchtigkeit zersetzt wird. An besser verarbeiteten Zäunen gibt es noch eine Schutzleiste aus Zink oder Blei am oberen Abschluß, um der Verrottung durch Regenwasser vorzubeugen.

Hier und da sieht man farbig gestrichene Gartenzäune, was besonders zu alten Häuschen paßt. Streichen Sie z.B. die Wand grün und die Kerben zwischen den Brettern weiß, so können Sie Ihrem Haus eine interessante Note geben. Zu Neubauten paßt es weniger gut, doch mit etwas Mut können Sie auch hier einem schlichten Zaun einen unkon-

ventionellen Anstrich geben. Es ist auch eine passende Abgrenzung für einen rustikalen Bauerngarten.
Wer den Zaun als reine Notwendigkeit betrachtet, kann ihn dem Auge entziehen, indem er hier eine Vielzahl verschiedener Kletterpflanzen setzt, die in kurzer Zeit die Wand mit Grün überziehen. Aber lassen Sie besser die Finger von Knöterich, denn es gibt kaum eine andere Pflanze, die so unkontrolliert wuchert wie diese aus der Gattung *Polygonum*. Gut geeignet dagegen sind: Spalierrosen, Weinreben, Clematis, Geißblatt, Kiwi, die Möglichkeiten sind zahlreich. Achten Sie dabei nur auf Farbharmonie mit den übrigen Pflanzen; wenn die Farben übereinstimmen, ist die Wirkung am besten.

Nut und Feder nennt man diese Art des Bretterverbundes, bei dem das obere Brett mit der Nut in ein unteres mit einer Leiste eingepaßt wird. Die Abbildung zeigt einen kleinen Steingarten mit verschiedenen Sorten Sedum *und Hauswurz, die ohne Erde auskommen.*

Senkrechte Bretter

Die von mir entworfenen Wände werden senkrecht aufgestellt, d.h. die Fugen verlaufen vertikal. Dieser Linienverlauf findet sich wieder im Wuchs der Bäume, die ebenfalls aufwärts streben, was zusammen ein schönes graphisches Spiel ergibt. Außerdem erscheint der Zaun optisch weniger lang und paßt sich dem Verlauf von Ästen und Zweigen besser an.

Eine „luftige" Holzwand

Auf meiner Amsterdamer Dachterrasse hatte ich viele Jahre einen Zaun aus Flechtwerk als Abgrenzung zur benachbarten Terrasse. Er bestand aus behandeltem Nadelholz, das bald eine graue Farbe annahm. Die flexiblen Holzstreifen waren um die senkrechten Stangen

Früher arbeitete man viel mit Spalierobst. Hier ist ein Spiel mit der Geometrie im Entstehen: die vertikalen Linien des Lattenzauns kontrastieren mit den Diagonalen der Spalierbirne.

geführt bzw. geflochten, wodurch auch hier ein spielerischer Linienverlauf entstand. Ein Nachteil daran war, daß die durch das Weben entstandenen Schlitze die Privatsphäre etwas beeinträchtigten. Dieses Problem ließ sich jedoch schnell mit etlichen Efeu- und Geißblattpflanzen beseitigen, und das wäre es auch über Jahre geblieben, hätte ich nicht ausgesprochen „anwesende" Nachbarn bekommen. Daraufhin beschloß ich, eine geschlossene Trennwand aus weißgestrichenen Fichtenbrettern anbringen zu lassen. An diesem Beispiel erkennt man das Dilemma von „durchschaubarem" Gitterwerk: Einerseits will man dahinter den eigenen Gemüsegarten oder die angrenzende Grünanlage sehen, andererseits sollte man viele Kletterpflanzen verwenden, wenn das eigene Grundstück an einen Parkplatz, eine verkehrsreiche Straße oder auch nur an der Nachbarterrasse angrenzt.

Für denjenigen, der in einer ruhigen Umgebung wohnt, ist offenes Gitterwerk jedoch gut geeignet. In einem innenhofähnlichen Garten eines Zahnarztes in der niederländischen Stadt Haarlem ließ ich einen offenen Flechtwerkzaun aufstellen. Es ist kein großer Garten, aber er ist ein schönes Beispiel für die vielen Gestaltungsmöglichkeiten.

Geflochtener Zaun im Garten eines Zahnarztes

In dichtbesiedelten Gegenden sind die meisten Gärten nicht allzu groß. Das Gefühl der Enge in einem kleinen Garten kann man vermeiden, indem man an den Seiten locker geflochtene Stellwände versetzt

zueinander aufstellt. Dieses wandte ich bei dem Haarlemer Zahnarzt an, der von seinem Behandlungszimmer aus in den Garten sehen wollte.

Ich entwarf Stellwände, die etwas vor der Grundstücksbegrenzung standen, und plazierte Bambus dahinter, der mittlerweile durch das Flechtwerk wächst, welches auch teilweise mit Geißblatt begrünt ist. Auf diese Weise ist aus Holz und Gewächsen eine Einheit entstanden. Im hinteren Teil des Grundstückes wurde eine Stellwand quer aufgebaut, so daß eine abgegrenzte Ecke entstand. Diese ist nicht offen einsehbar, aber auch nicht vollkommen geschlossen. Das ist ein überraschendes Element, welches Tiefe erzeugt. Als Szenerie wurde eine japanisch inspirierte Anlage mit weißem Kies, japanisch anmutender Bepflanzung und einem Teich mit zwei Ebenen geschaffen. So kommt der oben genannte Bambus und die aparten Nadelbäume mit ihrer bläulich-grünen Farbe gut zu ihrem Recht. Sie gehören zur Gattung *Pinus parviflora* und bilden ohne menschliches Zutun eigenwillige Formen aus. Die Stellwände, die auch unerwünschte Besucher fernhalten, bringen Leichtigkeit und Abwechslung in den Garten. Es ist allerdings wichtig, den Bambus ab und an zurückzuschneiden, damit der Garten nicht zuwächst und das gute Raumgefühl verlorengeht.

Ein Beispiel für eine Wand, die im Sommer prächtig blüht und im Winter „offen" ist, ist die Rosenhecke. Als Gitterfarbe empfiehlt sich dunkelgrün.

Die blaue Winde, Ipomoea, *rankt in einem einzigen Sommer bis oben an den Zaun und blüht sehr ergiebig.*

Bepflasterte Gartenwege und Terrassen

Es gibt Materialien, die jeden Garten verschönern. Solche Evergreens passen zu alten und modernen Häusern gleichermaßen gut.

Ein Sandkasten an einem Weg aus Natursteinpflaster. So ein Pflaster gibt einem Garten etwas Altmodisches, auch bei schmalen Wegen. Einen besonderen Reiz üben die Farbunterschiede der Steine aus.

Dazu gehört erstens der Ziegelstein oder Klinker, der in verschiedenen Farben angeboten wird. Es gibt ihn meliert, rötlich oder gelblich. Diese Ziegel bestehen aus gebranntem Ton oder Lehm, der aus Flüssen gewonnen wird. Die nähere Bezeichnung, wie z. B. Rheinziegel, gibt einen Hinweis auf die jeweilige Herkunft der Tonerde.

Die rötlich-warmen Farbtöne eignen sich am besten für den Garten, insbesondere für den Patio auf den man oft hinaussieht oder in dem man sich aufhält. Jeder Ziegel unterscheidet sich vom anderen durch eine eigene Farbvariante, was reizvoll und nicht eintönig aussieht. Außerdem sind die Ziegel farbecht und werden von Jahr zu Jahr schöner im Gegensatz zu Betonsteinen, die mit zunehmendem Alter immer unansehnlicher werden.

IJsselsteine werden benannt nach dem Herkunftsort des dafür verwendeten Lehms, einem kleinen Fluß in den Niederlanden. Wer jedoch die Ausgabe für dieses recht seltene Produkt nicht scheut, kann mit den leuchtendgelben Steinen auf Terrassen bemerkenswerte Ergebnisse erzielen. Sie strahlen über viele Jahre hinweg in ihrer warmen Farbe, gerade im Winter. Gartenwege und Terrassen werden damit im traditionellen Fischgrätmuster angelegt, so daß eine gute Haltbarkeit gewährleistet ist. Halbsteinverband ist auch geeignet, vorausgesetzt, es wird eine stabile Einfassung gelegt. Für jeden Geldbeutel erschwinglich sind jedoch Betonziegel, die gleich mehrere Vorteile haben. Sie sind viel preiswerter als Klinker, verhindern durch ihre

schlichte, geradlinige Form allzu starken Wuchs von Unkraut zwischen den Fugen, werden bei Nässe nicht glatt und werden außerdem in vielen Farbstufen angeboten. Erkundigen Sie sich aber vorher, ob die Ziegel auch völlig durchgefärbt sind, denn nur dann behalten sie über Jahre und bei jeder Witterung ihre Farbe. Unter der Bezeichnung Cobblestones sind Betonziegel auf dem Markt, bei denen die scharfen Ecken und Kanten abgeschliffen wurden, was ihnen ein gebrauchtes Aussehen verleiht. Beim Verlegen entstehen so breitere Fugen, aus denen man beispielsweise Moos, Thymianpflänzchen oder Frauenmantel wachsen lassen kann. So entsteht in kurzer Zeit eine freundliche, anheimelnde Atmosphäre, die die nüchternen, glatten und ungeschliffenen Betonziegel nicht bieten können, höchstens nach einigen Jahrzehnten; Sie ersparen sich also auch langes Warten. Aus diesem Grund würde ich eine Kombination von gebrauchten Klinkern und neuen Betonziegeln empfehlen, wenn Sie für den Garten nicht soviel Geld ausgeben wollen. Außerdem hat die Erfahrung gelehrt, daß man mit etwas Spürsinn bei Landschaftsgärtnern, Gartenzentren oder Händlern für Pflastermaterialien zu einem durchaus erschwinglichen Preis alte Klinker erstehen kann.

Klinker nehmen Feuchtigkeit auf. Bei dunklen Lichtverhältnissen und viel Nässe sollte ein helleres Pflastermaterial gewählt werden, wenn es um den Bodenbelag der Terrasse geht. Hier wirkt das Pflaster freundlich durch die beigefügten Accessoires.

Platten

Viele Gartenbesitzer denken beim Wort Platten zuerst an Waschbeton, was verständlich ist, denn in einem Großteil der Gärten findet man sie vor. Wer jedoch etwas Originelles bevorzugt, muß nach Alternativen

Kiesplatten, hergestellt aus Beton mit Kiesoberfläche, haben an vielen Orten den Natursteinen den Rang abgelaufen. Wenn sie nicht zu hell sind und der Kies nicht zu fein, sind sie für Gartenwege ein gut geeignetes Pflastermaterial. Für Terrassen ist eine Kombination mit Steinen oder Klinkern zu empfehlen.

suchen. Es gibt aber nichts einzuwenden gegen die beliebten Waschbetonplatten, da ihre Farbauswahl wirklich nichts zu wünschen übrig läßt: bräunlich-, dunkelgrau- oder rötlich-gelbmeliert. Betonplatten sind weniger begehrt, weil sie an das eintönige Grau von Gehwegen erinnern. Doch lassen sich auch Gehwegplatten sehr gut kombinieren mit Klinkern, Waschbetonplatten, Kies oder Natursteinen. Quadratisch verlegt und umrahmt mit genannten Materialien entstehen einfache und doch abwechslungsreiche Gartenwege und Terrassen.

Im Frühjahr und Sommer werden diese Wege und Terrassen weniger dominieren durch die blühende Farbenpracht im Garten, aber wenn in der kälteren Jahreszeit die Farben schon den größten Teil ihrer Kraft eingebüßt haben, setzt eine variierte Bepflasterung belebende Akzente.

Ich persönlich bevorzuge drei verschiedene Sorten von Betonplatten. An erster Stelle stehen solche im Format 50 x 50 cm, weil sie optisch Platz schaffen. Als Trittsteine können sie fungieren mit Kies oder Begrünung dazwischen oder als Sitzplatz mit jeweils 4 Platten und als Umrandung 20 cm breite Klinker, Naturstein oder Kies. Auch dadurch entstehen Variationen, vor allem wenn hier und da eine Kübelpflanze steht. Die Bepflasterung als Element wird hervorgehoben, wenn sie großblättrige Pflanzen danebensetzen wie *Bergenien, Peltiphyllum* oder *Ligularia*.

Die zweite von mir bevorzugte Platte ist das Format 40 x 60 cm und wird so verlegt, daß die breitere Seite quer zur Gehrichtung liegt. Das

Leider sind Fliesen nur selten frostbeständig, doch können wir sie bei unserem kühlen Klima in Wintergärten, Eßzimmern und Küchen einsetzen und uns dort ihrer warmen Farbe erfreuen.

ist immer wirkungsvoll, besonders bei schmalen Wegen und Terrassen. Entlang den Seiten kann man die Platten versetzt legen und in die so entstandenen Ecken Kriechpflanzen säen.

Der dritte Betonziegel, der sich nach meiner Meinung gut eignet, besteht aus anthrazitfarbenen bis schwarzen Platten, weil diese dem Garten eine neutrale Tiefe geben. Es hat den Anschein, als ob das Pflaster verschwindet und die Aufmerksamkeit mehr auf die Pflanzen, Wände und Ornamente gezogen wird.

Auch im farbauflösenden Abendlicht können Farbunterschiede noch sehr gut wirken, wenn sie gut gewählt sind.

Betonsteine

Ein sehr schönes Resultat erreichen Sie mit einem Pflaster aus Betonsteinen, die in hell und dunkelgrau und im Format 10 x 10 cm erhältlich sind. Für Einfassungen gibt es sie auch in 15 x 15 cm, diese in Farbstufen von Gelblich-braun über Rötlich-lila bis Hellgelb.

Naturstein als Platte und Mauerstein

In Deutschland, Frankreich, Belgien und den südlichen Niederlanden kommen Natursteine vor, die hier jeweils als Bepflasterung Anwendung finden. Das bekannte Kopfsteinpflaster besteht meistens aus Basalt oder Granit. Basalt ist einfarbig, Granit gesprenkelt und unterschiedlich in der Schattierung. Ein Beispiel für den Gebrauch dieses Materials ist in einem Garten in Maastricht in der niederländischen Provinz Limburg zu sehen, wo helle, zerkleinerte Granitsteine verlegt wurden.

Ein ansprechendes Beispiel für Kies als Befestigungsmaterial ist dieser ländliche Garten in der Provinz Limburg.

Ein Patio mit Naturstein in Maastricht

Als Architekt wie auch als Gartenplaner lernt man umzugehen mit runden Formen und Geraden. Das mag ein Grund dafür sein, daß viele Entwürfe auf geraden Linien basieren, besonders beliebt bei diesen beiden Formen der Gestaltung.

Bahnbrechend für mich war die Arbeit des brasilianischen Gartenarchitekten Roberto Burle Marx, der als Ausgangspunkt runde, natürliche Formen mit fließendem Verlauf nimmt. Er beschreibt dies in seinem Buch *The Tropical Gardens of Roberto Burle Marx* (in einer deutschen Ausgabe erschienen). In seinen Fußspuren entwerfe ich noch oft Gärten mit fließendem Verlauf, obwohl ich zugeben muß, daß das z. B. in den Niederlanden mit seinen geraden Kanälen, Straßen und Wegen nicht immer möglich ist.

Muscheln werden gewaschen, um damit Wege in Gärten und öffentlichen Anlagen zu präparieren.

In einem von Mauern umgebenen, innenhofähnlichen Garten der Stadt Maastricht verliefen alle Konturen schräg oder fast fliehend, wodurch es nicht notwendig war, hier mit künstlich geraden Formen zu arbeiten.

Deshalb entwarf ich einen Innenhof, der durch hohe Taxushecken unterteilt wurde in einen vorderen und einen geheimnisvollen hinteren Garten. Die Formen der Taxushecken und Wege verlaufen rund und verspielt – jeder Besucher empfindet das gleichermaßen als ungewöhnlich und unerwartet.

Doch hat die Gestaltung von Parks und großen Gärten im sogenann-

Diese beiden Aufnahmen stammen aus dem Garten des niederländischen Instituts für Kriegsdokumentation in Amsterdam, den ich in einem schlichten, klassischen Stil entwarf. Am Ende des Gartens setzte ich eine efeuberankte Wand, die perfekt die Sicht auf unansehnliche Mauern oder Zäune verblendet. Auf dem Sockel in der Mitte steht ein Faun aus Bronze. Der Boden rund um die Buchsbaumhecken ist mit Muscheln bestreut.

ten Landschaftsstil, in welchem die runden Konturen vorherrschen, eine große Tradition.

Das Pflaster im Innenhof ist locker zusammenhängend, mehr oder weniger fächerförmig angelegt. Dadurch wirkt der bepflasterte Teil des Gartens zwischen den Pflanzen wie ein Platz, der mal breiter, mal schmaler wird. Meinen Auftraggebern war die Unebenheit der Natursteine vor ihrem Sitzplatz am Haus ein Dorn im Auge, und so entschieden sie sich für die gleichen dunkelgrauen Natursteinplatten wie in ihrer Wohnung. Leider entstand dadurch eine optische Trennlinie zwischen der Terrasse und dem Pflaster im Garten. Eine durchgehende Natursteinbepflasterung hätte mehr räumliche Tiefe und Einheit ergeben.

Die Bepflanzung dieses Gartens

Die raumteilenden Hecken sind aus *Taxus baccata*, einem immergrünen Gewächs also. An die sonnige Backsteinmauer rechts, an der entlang man in den Garten blickt, wurde eine Reihe mehrjähriger rotlila Pflanzen und Rosen gesetzt. Auf die linke Seite kamen üppige, großblättrige Pflanzen und Bodendecker in verschiedenen Gelbtönen, während ein rund angelegter Teich der Mittelpunkt des Vorgartens wurde. Der Teich wurde sparsam mit einigen Seerosen bestückt, die sich farblich gut ins Gesamtbild einfügen. Einige Holzapfelbäumchen bilden mit ihren Blüten und roten Früchten dahinter eine reizvolle Kulisse.

Rund um den gewaltigen Obstgarten an diesem englischen Haus aus dem 17. Jahrhundert steht eine hohe Mauer, die mit Spalierobst bewachsen ist. Hier ist das englische Obstmuseum des National Trust ansäßig. Im Bild ist auch Clematis montana *zu sehen.*

Um die hohen Mauern auf der linken Seite etwas aus dem Blickfeld zu rücken, wurden Bolacazien und ein Trompetenbaum *(Catalpa bignonioides)* davor angepflanzt. An der Stelle, wo die Taxushecke den Garten verengt, ließ ich für die Kinder eine Laube errichten, wo sie schaukeln und spielen konnten. Außerdem wurde in dieser Ecke des Grundstückes dem Wunsch einer der Töchter nachgegeben und ein kleines Beet angelegt. Der hintere Teil des Gartens bekam eine hübsche Obstanpflanzung aus Beerensträuchern, Rhabarber, Walderdbeeren und einem Weinstock an der Gartenmauer, zusätzlich wurden einige Kräuter gesät. In die etwas verborgene, heimelige Ecke links am Ende des Gartens wurden in Rundbeete Stammrosen gesetzt. Hier ließ ich auch einen soliden Pfahl aus Hartholz setzen, an dessen Oberseite eine Aufhängung für eine Hängematte befestigt wurde. Der andere Haken wurde in die Gartenmauer geschraubt. Zusätzlich bot der Pfahl einem Blauregen Halt, der sich mittlerweile zu einem prächtigen, blühenden Baum entwickelt hat.

Hier wurde auch die Bank aufgestellt, die die Freunde zur Einweihungsfeier des Gartens spendierten. Eine Oase der Ruhe hat sich hier aufgetan, abseits von der Hektik des Alltags, wo man ungestört lesen, sich unterhalten oder einfach nur faulenzen kann.

In diesem Garten fehlt nur der Zaun. Gäbe es einen, so würde ich dafür vertikale Latten nehmen, um mit den Linien der Stühle und Bänke zu korrespondieren.

Für einen Garten in der alten Stadt Doesburg entwarf ich eine Reihe von Möglichkeiten, wie hier auf der Abbildung zu sehen ist. Ein wichtiger Aspekt sind die Funktionen der umliegenden räumlichen Gegebenheiten. Ganz unten auf der Abbildung die geräumige Wohnküche, von wo aus man durch hohe Fenster in den Garten sehen kann. Links führt ein schmaler Durchgang zum Wohnzimmer. Etwas darüber befindet sich ein Gewächshaus, das zu einem romantischen Wintergarten umgestaltet wurde. Die großen Zirkel geben einen bereits vorhandenen Baumbestand an. Auf der rechten Seite, gekennzeichnet durch die schwarze Linie, ist eine hohe, verwitterte Mauer zu sehen, an die oberhalb ein Schuppen grenzt. Hinter dem Wintergarten oben links steht eine Mauer dieses historischen Gebäudes, wodurch in diesem geschützten, geschlossenen Innenhof gut zu verweilen ist. Die Bepflasterung des Hofes besteht aus Klinkerwegen und Terrassen. Dieser Entwurf ist betont schlicht gehalten und bietet viel Platz.

Ein Brunnen mit Fontäne dämpft die Geräusche von außen, und eine große quadratische Anlage mit Buchsbaumeinfassung erinnert in der Form an mittelalterliche Kloster- und Kräutergärten. Den Sitzplatz mit der Gartenbank umrahmt eine Pergola, die auch das vertikale Element beisteuert.

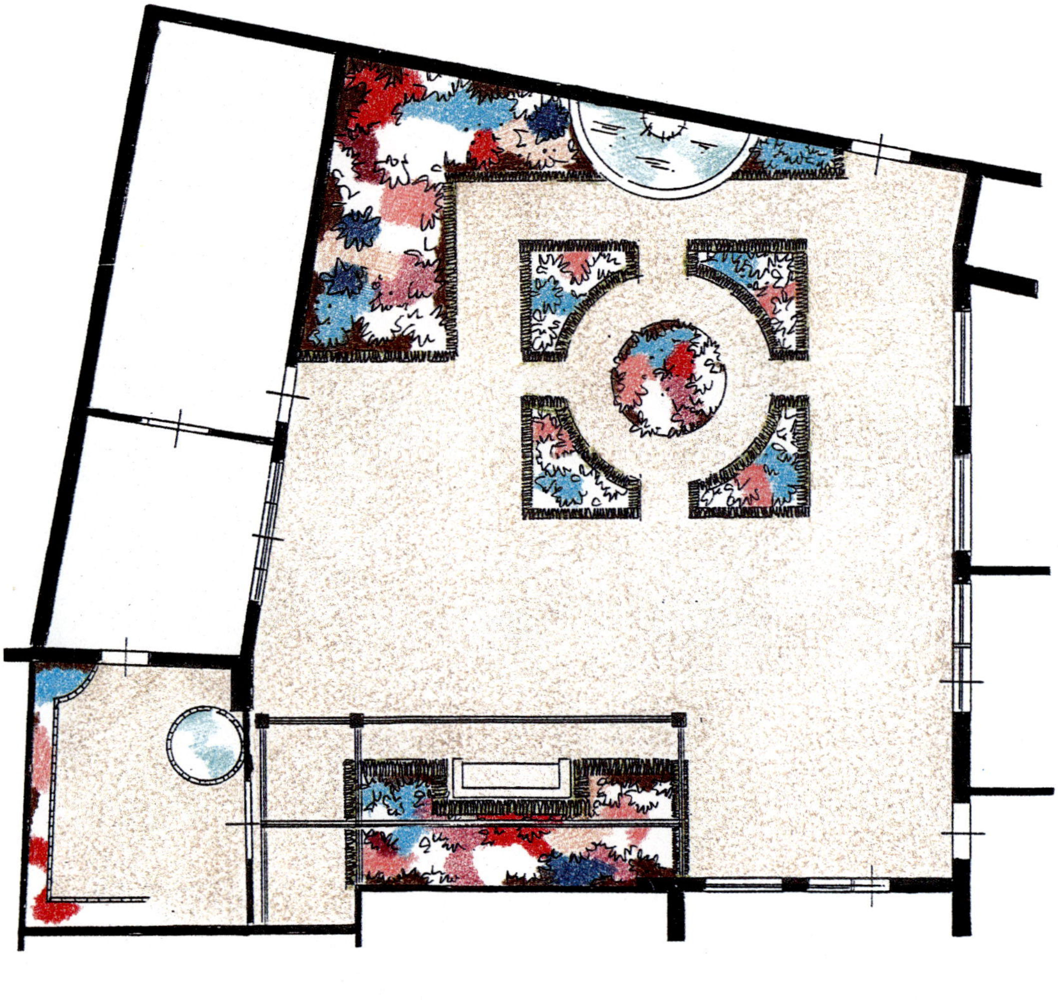

Was die Aufteilung angeht, liegt dieses Beispiel in der Mitte zwischen den eher sachlich-nüchternen Formen von Abb. 1 und 2 und der freieren Gestaltung des vierten Beispiels. Hier bietet sich eine locker-verspielte Bepflanzungsweise an, die einen Kontrast darstellt zu den sechs Buchsbaum- und Taxusquadraten. Die Sitzecken, mit Bistromöbeln bestückt, verleihen dem Garten eine französische Note.

Eine Alternative auf Abb. 2 ist dieser Entwurf, wo teilweise anstelle der Wandelwege zusätzlich vier mit Buchsbaum umsäumte Blumenbeete für mehr Grün und Abwechslung sorgen.
Dieser Garten ist insgesamt flacher angelegt, weil auf das vertikale Element verzichtet wurde. An der Fassade stehen allerdings wohl einige höhere Gewächse wie Sträucher mit schmalem, hohem Wuchs, damit der Garten nicht allzu zweidimensional wirkt.

Holzpaneele für Wege und Fußböden

Wer gerne segelt, kennt das spannende Gefühl, über schmale Holzstege zu gehen. Für mich jedenfalls ist es immer wieder aufregend, über einen wankenden Steg ohne Geländer zu gehen und dabei das Gleichgewicht nicht zu verlieren.

Aus schön verwitterndem Hartholz oder behandelter und gebeizter Kiefer (Bild) lassen sich gute Böden herstellen. Man kann das Material entweder ergrauen lassen oder, wie im Bild, dunkel beizen, was gut zur Eßgruppe aus Hartholz paßt.

Aus diesem Gefühl heraus lassen sich Menschen vielleicht inspirieren, in ihrem Garten auch „Hölzernes" anzulegen. Holz und Wasser gehören irgendwie zusammen, deshalb verwundert es nicht, wenn man in einem Patiogarten mit Holzpaneelen auch einen Teich vorfindet. Doch die Anlage eines Teiches ist nicht unbedingt erforderlich, Kies in Kombination mit Vogeltränken, die regelmäßig aufgefüllt werden, oder einige Regentonnen mit Wasserpflanzen sind eine gute Alternative. Schließlich ist nicht jeder ein Freund des „nassen Elements", oder man denke an die vielen Mücken und an die Gefahr, die es für Kinder darstellt. In diesem Zusammenhang werden wir uns sowohl mit dem trockenen als auch mit dem nassen „Brettergarten" beschäftigen.

Der trockene Brettergarten

Auf meinen Reisen habe ich oft japanische Tempelgärten besucht und dabei festgestellt, daß selbst dort nicht überall immer neben Holzterrassen auch Wasser vorzufinden ist, obwohl auch ohne diese „Symbiose" herrliche Parks entstanden sind. In den Tempeln sind die Fußböden fast ausschließlich aus Holz, ebenso in den traditionellen japanischen Häusern. Die Fußböden schweben über der Erde, damit der Wind die Unterseite des Holzes trocknen kann. Diese Art des Verlegens hat dort eine uralte Tradition, und das Holz ist so viel weniger anfällig für Verrottung.

In den Gärten stehen neben Ahorn, Bambus und in Form geschnitte-

nen Koniferen auch Azaleen in prächtigen Farben. Der Boden ist meistens bedeckt mit Moosen oder Splitt in grober und feiner Körnung. Splitt und Holz lassen sich harmonisch miteinander kombinieren, auch in westeuropäischen Gärten.

Die Japaner messen ihren Gärten, die mit Splitt, Kies oder Schotter eingerichtet sind, eine symbolische Bedeutung bei, die für uns Westeuropäer nicht immer nachzuvollziehen ist, von der wir uns aber durchaus inspirieren lassen können. Wasser (das Meer, der See oder der Fluß) wird durch Splitt dargestellt, der in Wellenlinien geharkt wurde mit einer grobzinkigen Harke, die der früher hier gebräuchlichen hölzernen Heugabel nicht unähnlich ist. Man betritt den Kies nicht, weil das ja im übertragenen Sinn einem Gang über das Wasser gleichkäme. Selbstverständlich bräuchten wir uns um solche Symbolik nicht zu kümmern, doch warum sollten wir nicht auch eine Illusion von Wasser schaffen? Außerdem hat diese „trockene“ Variante einen nicht zu unterschätzenden Vorteil: Es ist eine saubere und leicht zu pflegende Angelegenheit. Wir können diese Teichszenerie erreichen durch die Wahl entsprechender Pflanzen wie Bambus, hohe Ziergräser und Großblättriges wie *Hosta* oder *Ligularia*. Unterstützt wird die Atmosphäre durch die Verwendung der bereits erwähnten Accessoires wie beispielsweise Vogeltränken, halbe Regentonnen mit Moorpflanzen, aber auch durch einen Mühlstein, über den Wasser sprudelt, oder einen flachen Trog aus Beton, gefüllt mit Wasserpflanzen. Kies stellt

In diesem Garten konstruierte ich unter der Weide eine große, geneigte Holzterrasse. Der Baum wurde geschnitten, damit man von der oberen Terrasse aus den großen Teich sehen kann.

hier den Fluß dar, der zwischen den Pflanzen fließt. Es ist ratsam, keinen ganz weißen Kies zu wählen, es sei denn, Sie haben eine puristische Einstellung, was japanische Gartenkultur angeht.

Links: Das schmale Brett zwischen Stauden und Teich lädt zum Balancieren ein. Es stellt die Verbindung zwischen Stein und Holz her und gehört fast obligatorisch zum Wasser.

Der Holzsteg führt durch Ziergräser zu einem geheimnisvollen Ort, was die Gräser anzukündigen scheinen.

Stege und Wasser

Meiner Meinung nach zählen die in diesem Kapitel besprochenen Elemente in einem Patiogarten zu den am meisten bewunderten. So eingerichtet, bietet er ja auch alles, was das Herz begehrt: Terrassen in Sonnen- oder Schattenlage aus warmem Holz, Wasserspiele, die beruhigende Kühle spenden. Man kann verträumt Insekten beobachten, die auf dem Wasser schwirren, und Libellen, die sich auf den schmalen Blättern des Schilfs *Typha angustifolia* niederlassen. Am Abend kann man vor dem Schlafengehen noch die Frösche quaken hören.

Die Auswahl an Wasser- und Moorpflanzen ist so groß, daß Sie Ihre Anlage ganz nach Ihren Vorstellungen kreieren können. Auch dekorative Uferpflanzen sind keine Mangelware, es ist also nicht schwierig, in Ihrem Garten mit einem Teich, Holzstegen und dazu passenden Gartenmöbeln ein individuelles Refugium zu schaffen. Schön ist zusätzlich eine Pergola mit Blauregen in Sonnenlage oder mit Geißblatt bewachsen im Schatten, wobei abends besonders das Geißblatt einen betörenden Duft verbreitet. Selbstverständlich passen dazu ebenso gut all die anderen Kletterpflanzen: Rosen, Wein, Kiwis, Clematis usw. Höhere Strauchgewächse wie der Bambus dürfen in der Uferzone natürlich nicht fehlen, ebenso unerläßlich ist *Hosta*, in Kübel gepflanzt.

Die Eigentümer dieses Gartens ließen, bevor sie mich beauftragten, eine herrliche Buche entfernen, um mehr Licht zu haben. Als neuen Mittelpunkt und als Ersatz für den Baum ließ ich einen großen Teich in U-Form anlegen. Ein Steg führt über den Teich auf eine kleine Halbinsel.

Man gerät leicht ins Schwärmen, wenn man sich solch eine Gartenlandschaft vorstellt.

Material und Farbe der Paneele

Früher habe ich Nadelholz, welches zweimal schwarz gebeizt wurde, als Stegbretter verwendet, die auf die darunterliegenden Querbalken geschraubt wurden. Heute werden zunehmend behandelte Harthölzer eingesetzt. Weniger gebräuchlich, darum aber nicht weniger schön, ist Eichenholz, das genau wie andere Harthölzer im Lauf der Jahre grau wird. Es hält mit Leichtigkeit 15 Jahre. Am niederländischen Schloß Walenburg, wo ich im Auftrag der niederländischen Gartenstiftung die Aufsicht über den Erhalt der Vegetation habe, führen zwei herrliche Brücken über den Schloßgraben, die samt Geländer und Toren aus Eichenholz gebaut sind. Nach 35 Jahren intensiven Gebrauchs müssen sie erst jetzt ersetzt werden. Sie sind somit der beste Beweis für die längst notwendige Rückbesinnung auf die umweltschonende Nutzung heimischer Holzarten als selbstverständliche Alternative zu den Edelhölzern aus den Regenwäldern. Selbst Paneele, deren Oberflächen verwittert bzw. etwas angegriffen sind, sehen wieder aus wie neu, wenn die Bretter gedreht werden, so daß die unbenutzte Seite jetzt oben liegt.

Paneelkonstruktionen

Die einfachste Methode zur Herstellung von Holzfliesen ist, Querbalken in Abständen von 60 cm unter den Brettern zu montieren. Mit

Hilfe einer Wasserwaage wird die Oberfläche völlig eben. Klemmen Sie zwischen die Querverstrebungen zwei Latten, so können Sie die einzelnen Segmente herausnehmen und leichter transportieren. Wenn die Paneele über hügeligem Boden schweben sollen, gehen Sie folgendermaßen vor: Eine Reihe Vierkantpfosten wird 70 bis 80 cm tief in den Boden getrieben. Dann werden die Pfosten durch Längsträger miteinander verbunden. Der Abstand zwischen den Trägern sollte nicht größer als 60 cm sein, um zu verhindern, daß die Paneele sich biegen und durchbrechen. Sie können sich für unterschiedliche Konstruktionen entscheiden, aber auch für verschiedene Paneelprofile. Rohe, ungeschliffene Paneele sind zum Barfußlaufen weniger geeignet, dafür besteht nicht so leicht die Gefahr des Ausrutschens. Ferner gibt es Paneele aus Fichte oder aus imprägnierter Kiefer mit Längsrillenprofil. Die Oberfläche wird hier nach Regen schnell wieder trocken, da sich das Wasser in den Rillen sammelt. Wenn die Platten überwiegend im Schatten liegen, besteht die Gefahr der Moos- oder Algenbildung, was sie trotz des Profils rutschig macht. Eine Lösung für dieses Problem ist, Anti-Rutsch-Gummi in die Rillen zu legen. In meinem Garten hat sich das bereits seit zehn Jahren bewährt. Durch die Gummistreifen, die kaum auffallen, bin ich nie ausgerutscht.

Auch aufgestapelte Holzscheite, besonders mit einem kleinen Dach, können als originelle Variante einer Wand dienen.

Ich entwarf einmal diesen Vorgarten, dessen Hintergrund der Nachbarzaun bildet. Er besteht aus Holzlatten und ist auf der Rückseite mit dunkel gebeizten Leimholzplatten abgedeckt. Auf diese Weise entsteht Tiefe und auch eine gewisse Transparenz.

Eckige Teiche und dichte Bepflanzung

Ein rechteckiger Teich mag etwas langweilig wirken, muß es aber nicht sein. Die geraden Linien können einen wirkungsvollen Kontrast zu den vielfältigen Formen großblättriger Pflanzen bilden.

Wenn die Wasseranlage quer zum Grundstück liegt, zeigt der Besucher auch Aufmerksamkeit für die restliche Garteneinrichtung.

In den nördlichen Gegenden fällt auf, wie viele schnurgerade Straßen, Kanäle und Gräben es dort gibt. Es mag daher kaum verwundern, wenn man gerade Linien auch in den Gärten wiederfindet. Man kann das aber auch anders, nämlich historisch, erklären. Wir wissen, daß in alten spanischen Gärten rechteckige Teiche angelegt wurden, die man teilweise heute noch bewundern kann. Bei der Alhambra, dem ehemaligen Palast der arabischen Herrscher im spanischen Granada wird ersichtlich, was die Mauren hier geleistet haben. Die rechteckigen Teiche in den Palastgärten haben weiterhin große Berühmtheit erlangt.
Die Innenhofanlage sieht folgendermaßen aus: An einem langen Teich stehen immergrüne Hecken, die sich tiefgrün im Wasser spiegeln. An einem anderen Teich plätschern von den Seiten Fontänen in das Wasser. Dieser Teich befindet sich in dem zur Alhambra gehörenden „Generalife", dem früheren Sommersitz des Sultans.
Hohe Mauern begrenzen den großzügigen, schattigen Innenhof, in dem sich der Teich befindet, der an beiden Seiten von herrlich blühenden und betörenden Duft verbreitenden duftenden Pflanzen gesäumt wird: Jasmin, Rosen, Zitronen und Orangen.
Ob es diese Beispiele gewesen sind, die später in vielen Ländern zu dem viele Jahrhunderte überdauernden Brauch geführt haben, Teiche in langen Rechtecken anzulegen? Sicher ist, daß nichts einfach so entsteht; meist gibt es historische Vorbilder für später wiederentdeckte Formen. In der Renaissancezeit, vor allem aber im Barock des 17. und

18. Jahrhunderts waren Rechteckteiche besonders bei Großgrundbesitzern beliebt.
Ich persönlich habe ebenfalls ein Faible für diese langgezogenen Linien, auch in geschlossenen Patiogärten. Stellen wir uns so etwas einmal vor: vor der Terrassentür ist eine kleine, ein Meter breite Terrasse angelegt. Gleich dahinter beginnt ein langgezogener Teich, der bis einen Meter vor die Grundstücksgrenze reicht, wodurch der kleine Garten optisch stark vergrößert wird. Hinter dem Teich steht zum Beispiel *Hosta* und Bambus. Auf einer oder auf beiden Seiten ist nochmals eine Terrasse angelegt, vom Haus aus kaum zu sehen. Die zahlreichen Möglichkeiten, die die geraden Linien bieten, sind nicht zu unterschätzen.

Der Garten eignet sich vorzüglich zur Aufstellung von Accessoires, wie etwa diesem Oliventopf aus Portugal.

L- und U-förmige Teiche

Wem ein einfacher länglicher Teich zu eintönig ist und wer gerne mehr als zwei Terrassen am Wasser haben möchte, der ist mit einem Teich in L- oder U-Form gut beraten. Im Ensemble mit einer verbindenden Brücke und gut verteilten Pflanzen kann hier ein raffinierter Wassergarten entstehen.

Schmalblättriger Rohrkolben, Typha angustifolia.

Pflanzenanlage am Teich

1 *Betula papyrifera*
2 Azalee 'Golden Flare'
3 *Hedera helix* 'Arborescens'
4 *Skimmia japonica* 'Foremanii'
5 *Rosa* 'Nevada'
6 *Pinus nigra austriaca*
7 *Lamiastrum galeobdolon*
8 *Rhododendron* 'Madame Mason'
9 *Malus floribunda*
10 *Azalee* 'Persil'
11 *Aralia elata*
12 *Pennisetum compressum*
13 *Viburnum davidii*
14 *Spiraea arguta*
15 *Iberis* 'Snowflake'
16 *Stranvaesia davidiana*
17 *Stephanandra incisa* 'Crispa'
18 *Amelanchier lamarckii*
19 *Pachysandra terminalis*
20 *Chamaecyparis* auf Stamm
21 *Cimicifuga dahurica*
22 *Miscanthus sinensis* 'Gracillimus'
23 *Helleborus niger*
24 *Juniperus*
25 *Anaphalis triplinervis*
26 *Alchemilla mollis*
27 *Rosa* 'Schneewittchen'
28 *Buphthalmum salicifolium*
29 *Ligularia przewalskii*
30 *Filipendula ulmaria*
31 *Hosta fortunei* 'Aureomarginata'
32 *Kirengeshoma palmata*
33 *Geranium sanguineum* 'Album'
34 *Campanula carpatica*
35 *Malus* 'Golden Hornet'
36 *Lysimachia punctata*
37 *Iris pseudacorus*
38 *Rosa* 'Allgold'
39 *Iris sibirica*
40 *Mollis azalea* 'Adriaan Koster'
41 *Rudbeckia speciosa*
42 *Sinarundinaria murielae*
43 *Rosa* 'Golden Showers'
44 *Lonicera periclymenum*
45 *Wisteria sinensis* 'Alba'
46 *Pontederia cordata*
47 *Sagittaria sagittifolia*
48 *Nymphaea* 'Marliacea Albida'
49 *Nymphaea* 'Marliacea Chromatella'
50 *Typha angustifolia*
51 *Caltha palustris*

Wasserspiele im Garten

Wasserspiele sind schön anzuschauen und wirken beruhigend, besonders auf von Verkehrslärm geplagte Zeitgenossen.

Seit Jahrhunderten schon sind Wasserfälle in südlichen Ländern beliebte Anziehungspunkte. Das Geräusch des rauschenden Wassers ist ein Wohlklang für die Menschen, die in diesen Breiten leben. In nördlichen Gefilden, wo Wasser eher mit Regen in Verbindung gebracht wird, denkt man eher an schlechtes Wetter als an eine Oase. Insofern erscheint eine Fontäne im eigenen Patio auch als kein sehr dringender Wunsch.

Das ist wohl nur ein Vorurteil, denn auch in regenreichen Gebieten wird plätscherndes oder rauschendes Wasser als angenehm empfunden. Auch viele meiner Auftraggeber und andere Patiobesitzer haben wenigstens ein kleines Wasserspiel in ihren Gärten.

Diesen Mühlstein entwarf ich, um nicht einen echten aus einer Mühle nehmen zu müssen. Er besteht aus dunkelgrauem Beton und ist innen hohl; er ist ein schöner Platz für Vögel und für Kinder, die ohne Gefahr darin planschen können.

Ein Wasserspeier als Blickfang

Beim Stöbern in einer Antikhandlung entdeckte ich einmal einen Wasserspeier, der früher zu einer gotischen Kathedrale gehört haben könnte. Seine Form war interessant: Es war ein Gesicht, das die Züge von Mensch und Löwe in sich vereinte. An den Giebeln und Türmen von Kathedralen erfüllten solche „Wesen" zwei Funktionen: Zum einen wurde ablaufendes Regenwasser zu einem Strahl gebündelt, zum anderen sollte ihre eigentümliche Physiognomie den Teufel davon abhalten, Zugang zu den Heiligtümern zu suchen. Das mag eine Erklärung sein für die oft eigenartigen Abbildungen von Dämonen auf den alten Wasserspeiern.

An den Fund dieses Objekts dachte ich erst wieder, als ich einen Auf-

trag erhielt von Leuten, die neben einem Gasthaus mit Festsaal wohnten und außerdem noch lauten Straßenlärm ertragen mußten.

Wenn Sie einen solchen alten Trog mit Wasserspeier erstehen, brauchen Sie nur noch die Mauer stilecht zu verputzen oder ein bewachsenes Rankgitter, um eine ruhespendende Oase zu haben.

Aus alten Klinkern wurde eine freistehende Mauer gebaut, in der eine Öffnung für die Wasserzufuhr gelassen worden war; sie wurde nach Verlegen der kupfernen Wasserleitung abgedichtet. An diese Leitung schloß ich den Speier an und integrierte ihn in die Mauer. Unten an der Mauer ließ ich aus demselben Stein ein halbrundes Becken mauern, in dem die Pumpe installiert wurde.

So konnte das Spiel des strömenden Wassers beginnen, das sich an lauten Werktagen oder aber auch nur Sonntagvormittags anstellen ließ. Man konnte von der gegenüberliegenden Terrasse auf den Brunnen sehen und dem Geräusch des leise plätschernden Wassers lauschen. Eine Insel der Ruhe wurde hier geschaffen.

Das Mäuerchen rund um den Kopf herum versah ich mit einem Rankgitter, das mit Clematis und Rosen bewachsen sein würde. Vor das Wasserbecken kamen zwei Pflanzenkübel, gefüllt mit Hortensien und *Hosta sieboldiana* „elegans“. Auf diese Weise ist aus dem Brunnen ein richtiges Kleinod geworden, das zum Verweilen einlädt.

Da auch der übrige Garten einer Umgestaltung bedurfte, versah ich ihn mit verschiedenen neuen Elementen, die die ruhespendende Atmosphäre entscheidend mitgestalteten: Zum einen legte ich einen Teich in sachlich-nüchterner Linienführung an, der von Grünpflanzen und blühenden Stauden sowie von Hecken gesäumt wurde. In einer anderen Ecke wurde ein Nutzgarten angelegt, ebenfalls von einer Buchsbaumhecke umgeben. So ist ein völlig abgeschlossener Patiogarten neu belebt worden und bietet alles, was sich der Gartenfreund wünscht: Ästhetik, Ruhe und Privatsphäre.

Wasserspeier aus verschiedenen Materialien

Von den zahlreichen Formen der Wasserspeier, die die ägyptische, die griechische und die römische Kultur hervorgebracht haben, sind viele verlorengegangen. Glücklicherweise sind aber einige überliefert, weil sie durch die Jahrhunderte hindurch erhalten blieben, so daß sie uns heute als Vorlage für Kopien dienen. Auf diese Weise haben wir heute eine gute Auswahl an Wasserspeiern mit geschichtlicher Tradition.

Terrakotta

Ich habe einmal ein Gesicht eines pausbäckigen Jünglings aus Terrakotta besessen, der den Mund um eine Tülle gespitzt hatte. Aus dieser Tülle hätte Wasser plätschern sollen, doch leider bin ich nie dazu gekommen, dem tönernen Gesellen in meinem Stadtgarten seine eigentliche Funktion zurückzugeben. Nicht nur solch ein Jünglingsgesicht gibt es als Terrakottamodell, auch Löwen werden angeboten. Der Löwenkopf ist die mit großer Wahrscheinlichkeit beliebteste Form des Wasserspeiers: Außer aus Terrakotta gibt es ihn auch aus Bronze, Blei, Granit und Sandstein. Ich habe vor kurzem zwei Löwenköpfe aus Sandstein gekauft, die an einer Mauer bei meinem Bauernhof zum Einsatz kommen werden.

In diesem Innenhof in Cordoba fiel mir sofort die farbliche Harmonie von Pflaster und Brunnen auf. Die Atmosphäre ist beruhigend, doch keinesfalls eintönig.

Bei den großblumigen Clematis gibt es eine große Variationsbreite in Farben zwischen Blau und Violett. Clematis *'Sieboldii' in malve, genauso die Sorte 'Lasurstern', die einen Hauch heller ist; 'Jackmanii Superba' ist malve-blau, ebenso die 'Lady Betty Balfour'.*

Eigentlich jedoch sind solche Elemente speziell für Patiogärten bestimmt. Dort hört man normalerweise nur Vogelgezwitscher und weiter entfernt die Stimmen der Nachbarn oder den Straßenverkehr. Um diese Geräusche zu überspielen, aber auch um die Ruhe aufzulockern, ist der Brunnen mit Wasserspeier in Patiogärten schon seit Jahrhunderten beliebt. Wem in seinem Garten noch ein solches Ornament fehlt, dem möchte ich die Anschaffung dringend empfehlen. Mir gefallen zum Beispiel die aus Blei besonders gut. Es werden nicht nur Löwenköpfe aus Blei angeboten, sondern auch antike Frauenstatuen, aus deren Mündern anstelle von Worten das Wasser sprudelt, und fast unzählige andere Ornamente.

In einem alten südniederländischen Schloß befindet sich in dem von Mauern umgebenen Hof eine große Teichanlage. An einer dieser Mauern sind eiserne, dunkelgrün gestrichene Delphine verankert, die als Wasserspeier dienen. Das Wasser fällt in einen steinernen Brunnen, von wo es mittels einer Pumpe wieder zu den Delphinen hinaufbefördert wird.

Eisen stellt eine preiswerte Alternative zum teureren Blei oder der Bronze dar. Auch Wasserspeier aus einem Gemisch von gemahlenem Sandstein und Zement reißen keine allzu großen Löcher in die „Patiokasse".

Diese importierte tempelförmige Laube steht an einem runden Teich im Garten von Barnsley House, Rosemary Vereys Entwurf eines englischen Cottagegartens.

Wasserkreislauf

Die Vorgehensweisen, einen Wasserspeier in Betrieb zu nehmen, sind unterschiedlich. Die einfachste Art ist, einen Teich mittels einer Pumpe mit dem Wasserspucker zu verbinden. So fließt das Wasser in den Teich, um anschließend wieder zurückgepumpt zu werden.

Wer keinen Teich besitzt und auch keinen anlegen möchte, dem kann ein Becken als Reservoir dienen, in das die Pumpe gesetzt wird, die das Wasser zum Speier hinaufpumpt. Dieses Becken kann wahlweise versenkt oder einfach nur aufgestellt werden. Es kann entweder aus Holz, aus Stein (etwa ein alter Futtertrog) oder aus gemauerten Klinkern bestehen.

Steinerne Rinnen

Aus reiner Notwendigkeit habe ich unlängst für einige Gärten einen ebenso einfachen wie klassischen Wasserspeier entworfen. Es ist ein kantig-länglicher Block aus bläulichem Gestein, in dessen oberem Teil eine Rinne herausgearbeitet ist.

Das Modell wird an einer Mauer verankert. Die Leitung, durch die das Wasser hochtransportiert wird, mündet genau am oberen Ende der Steinrinne. Auf diese Weise ist ein attraktiver, neutraler Wasserspeier entstanden, der zu Neubauten ebensogut paßt wie zu altem Gemäuer.

Japanische Wasserspeier aus Bambus und Stein

In einem japanisch inspirierten Patio ist Wasser keine zwingende Vorschrift; für die typische Atmosphäre stellt es jedoch ein überaus wichtiges Element dar.
Um den gewünschten Effekt zu erreichen, ist leises Geplätscher oder auch nur ein feiner Strahl aus einem Bambusröhrchen, selbst wenn es fast nur tröpfelt, schon ausreichend. Wie so ein einfaches Accessoire funktioniert, ist leider weniger simpel als es aussieht, aber genau um den Eindruck äußerster Schlichtheit geht es.

Da Leitungswasser für diese Zwecke zu kostbar ist, kommen hier nur zirkulierende Wassersysteme in Betracht, die aus einem Bassin gespeist werden und von der Pumpe über einen Schlauch oder eine Leitung in das Bambusrohr münden. Hier fließt das Wasser in einen kleinen Fertigteich mit einer Mindesttiefe von 70 cm. Die Pumpe wird in diesem Teich versenkt. Die Fertigteiche aus Kunststoff sind überall erhältlich und leicht einzugraben, falls keine Baumstümpfe oder Wurzeln in der Nähe sind. Soll das Wasser auf Kies oder einen großen Stein plätschern, muß unter die Steine ausreichend große Teichfolie gelegt werden, damit das Wasser in den Teich zurückfließen kann. Die Leitung, durch die es nach oben gepumpt wird, sollte möglichst unauffällig hinter Bambus oder hohen Wasserpflanzen verborgen werden. Das beste Leitungsmaterial ist Kupfer, aber ein schwarzer Gartenschlauch erfüllt den Zweck auch.

Eine große Holzterrasse teilt den Raum neu auf. Zusammen mit dem neuangelegten Teich gibt sie diesem Stadtgarten ein völlig anderes Bild.

Falls das Bambusrohr noch nicht ausgehöhlt ist, wenden Sie sich am besten an eine Schreinerei. Dort werden die sehr harten Zwischenwände, die den langen dünnen Stengeln Stabilität geben, mit einem langen Bohrer durchstoßen. Es ist vernünftig, durch den hohlen Bambus die Kupferleitung bzw. den Schlauch zu führen, denn wenn das spröde Bambusrohr einmal birst, sparen Sie sich eine Menge Ärger. Sonst wäre das System der Wasserzirkulation unterbrochen und im Teich müßte immer soviel Wasser nachgefüllt werden, wie durch das Leck verlorengeht. Sparen Sie also bitte nicht am Arbeitsaufwand, um so größere Freude haben Sie hinterher an der Anlage, einem subtilen fernöstlichen Wasserspiel.

Aus einer kunstvoll gestutzten Hecke, einem Bambusstrauch oder *Camellia* kommt ein Röhrchen zum Vorschein, aus dem leise das Wasser plätschert und den Garten mit romantischem Ambiente erfüllt.

Da fehlt nur noch eine Schale mit warmem Sake, und man wähnt sich in der fernöstlichen „Walhalla" der Gartenkultur.

Der Garten des Maurenpalastes Alhambra im spanischen Granada ist einer der faszinierendsten, die ich kenne. Das Foto ist im Haremsgarten aufgenommen, der im Sommer voll von feuerrot blühendem Salbei ist. Der Brunnen ist ein wahrer Klassiker geworden, der viele Male kopiert wurde.

Ein Trog als Wasserspiel

Alte Steintröge werden heutzutage aus gefärbtem Beton täuschend ähnlich nachempfunden und im Handel in verschiedenen Formen angeboten. In einem der Seitenteile sollte eine Vertiefung sein, aus der das Wasser in ein tiefergelegenes Bassin strömt, in dem die Pumpe installiert ist. Über eine Kupferleitung oder einen Gartenschlauch wird das Wasser wieder in den Trog zurückgeführt.

Der Architekt Gibbret lud mich einmal in sein englisches Haus ein, wo seine Frau, eine Bildhauerin, diese große Vase aus schwarzem Naturstein meißelte. Die gerade, schmale Teichanlage führt den Blick des Betrachters zu den Objekten hin.

In den alpenländischen Berggegenden ist auf den Almen sehr schön zu sehen, wie das Wasser vom Berg hinuntergeleitet wird zum Trog zur Wasserversorgung für den Menschen und als Tränke für die Tiere. Die Wasserführung ist aus Holz oder Metall in schlichten, aber sehr schönen Ausführungen gemacht.

Ein solches Modell schwebt uns vor, wenn wir die Atmosphäre von Bergen und Almen in den eigenen Garten zaubern wollen. Die pflanzlichen Weggefährten dazu sind: Helleborus, Kapuzinerkresse, Margeriten, Trollius und Glockenblume. Zusätzlich sollte noch ein Haselnußstrauch, ein Holunder oder eine wilde Rose am Brunnen stehen. So kann eine Atmosphäre der Schlichtheit entstehen, die zart und lieblich wirkt.

Ob Sie ein Schwimmbad oder einen Teich Ihr eigen nennen, machen Sie es zu einem geräumigen Ort mit viel Gras- oder Terrassenfläche und blühenden Pflanzen, um hier viele angenehme Stunden zu verbringen.

Wasserskulpturen aus Mühlsteinen

Etliche Male schon bin ich auf Probleme gestoßen, wenn ich in einem Garten eine Wasserskulptur aus einem Mühlstein installieren wollte. Ich machte mich an die Lösung dieser Probleme, und das Resultat ist in den Versuchsgärten im niederländischen Dedemsvaart zu bewundern. Dank meiner Initiative konnten diese prachtvollen Gärten vor dem Verfall bewahrt werden, als die Instandhaltung und Pflege dieser Anlagen zu kostspielig wurden. Mittlerweile ist eine florierende Stiftung ins Leben gerufen worden, woran ich mich auch beteiligte. Der Garten mit dem Mühlstein nach meinen Entwürfen bildet quasi den Anfang der neuen Existenz dieser Modellgärten.

Der „Generalife", Sommersitz des maurischen Sultans bei seinem Palast Alhambra in Granada, wurde rund um einen rechteckigen Innenhof gebaut, in dessen Mitte sich der prachtvolle Teich befindet.

Wissen Sie, was den Charme solch eines selbstentworfenen Mühlsteins ausmacht? In der ausgehöhlten Vertiefung bleibt nach dem Regen immer das Wasser stehen, bietet sich Vögeln als Tränke an und lädt Kinder zum Spielen ein. Die anthrazitgraue Farbe paßt sich jedem Stil harmonisch an. Die untere Seite dieses Kolosses aus Beton ist hohl, wodurch das Ganze weniger schwer zu tragen ist und worin die Leitung aufgenommen wird. Der Mühlstein ruht auf einem stabilen Rost, der seinerseits über dem Teich liegt. Um den Mühlstein herum werden Felsbrocken gelegt, über die das Wasser herabläuft. Die Pumpe befindet sich im Teich unter dem Mühlstein, beide wieder durch eine Kupferleitung miteinander verbunden. In den Wintermonaten wird die Pumpe aus dem Teich geholt und erst wieder im Frühjahr nach ihrer Säuberung installiert.

Ein geschlossener Patio verliert das Gefühl des Eingesperrtseins, wenn solche Wasserspiele vorhanden sind, die ein leises Plätschern von sich geben, Sonnenstrahlen reflektieren und Vögel anziehen, die wiederum Läuse, Raupen und Schnecken auf biologische Weise beseitigen.
Kein Garten, auch kein Patio, ist vor diesen Schädlingen sicher, und die Vögel leisten hier wirksame Abhilfe, während sie Auge und Ohr erfreuen.

Wenn warme Farben zu stark sind, können sie z. B. durch graublättrige Pflanzen abgeschwächt werden. Die Formen der runden Buchsbaumsträucher sind ein effektvolles Gegengewicht zu dem flachen Teich.

Struktur durch Stufen, Treppen und Böschungen

Eine der Möglichkeiten, einen etwas eintönigen Garten abwechslungsreicher zu gestalten, besteht darin, daß man Erhöhungen und Vertiefungen anlegt. Die Höhenunterschiede müssen nicht groß sein: oft genügen schon 15 bis 30 cm.

Bei Schloß Gourdon in Südfrankreich entwarf Loup de Vianne diese Treppe mit Stufen aus Naturstein.

Nehmen wir einmal an, wir haben am Haus eine ein Meter breite Stufe, über die man in den Garten geht. Unmittelbar danach kommt man auf eine 15 cm tiefer gelegene Terrasse. Von dieser Terrasse geht es nach links oder rechts wieder eine, besser zwei Stufen (ca. 30 cm) hoch. An dieser Stelle schaffen wir die zweite Terrasse, die ihre eigene Atmosphäre erhält und eine andere Stimmung ausstrahlt als die vorhergehende Ecke. Eine breite Pergola mit Traubenranken oder Rosen macht sich hier sehr gut, besonders wenn die erste Terrasse in der Sonne gelegen ist und man während der heißen Nachmittagsstunden im Sommer zu diesem Platz im Schatten der Pergola wechseln kann. Je nachdem, wie groß Ihr Garten ist, können Sie zwischen den Sitzecken noch einen Teich, eine weitere Terrasse oder noch einen Weg anlegen, aber auch zahlreiche dekorative Pflanzen, die im Sommer wie auch im Winter das Auge erfreuen.

Die Erhöhungen sollten nicht unmittelbar am Haus beginnen, da sie vom Wohnraum aus gesehen optisch beengen. Besseres Raumgefühl gibt eine Vertiefung. In den Ecken lockern Höhenunterschiede die Gleichförmigkeit auf. Man erzielt mit ihnen die verschiedensten Wirkungen. So kann man geraden Mauern oder Hecken etwas von ihrer Strenge und Unzugänglichkeit nehmen, indem man davor Wälle aus Ziegelsteinen, Holz oder Erde anlegt. Besondere Wirkung können Sie auch erreichen, wenn sie eine Vertiefung in einer Ecke anlegen, und

zwar so, daß diese vom Wohnraum aus nicht zu sehen ist. Auch so läßt sich ein überraschender Effekt in den sonst recht übersichtlichen Innenhof bringen.

Diese urige Sitzecke wurde mit einem Natursteintisch, großen Steinplatten und Bohlen als Rand angelegt. Mit der Silhouette des Baumes, dem gepflasterten Plateau und der präsenten, aber unaufdringlichen Bepflanzung besteht hier ein gut gegliederter Raum.

Stufen aus Ziegelsteinen

Wer mit Höhenunterschieden arbeiten will, sollte schon vorher wissen, welche Atmosphäre geschaffen werden soll. Wenn das Haus und die Mauern aus Ziegelsteinen gebaut sind, machen Sie am besten die Stufen ebenfalls daraus. Die Steine sollten etwas über die Stufenkante hinausragen, so entsteht ein optisch vertiefender Schattenrand. Damit die Stufen auch alle Jahreszeiten überstehen, werden wir vielleicht ein tiefes Fundament brauchen, etwa 60 cm, wenn der Untergrund aus feuchter Erde, Marsch- oder Lehmboden besteht. Wenn aber der Boden auch tiefer noch trocken und sandig ist, genügen bereits 30 cm Fundament. In diesem Fall können Sie als Grundlage Gehwegplatten verwenden.

Grundsätzlich sollte, wer beim Garten nicht auf den Pfennig schaut, mit dem Fundament lieber etwas tiefer gehen als unbedingt erforderlich; das heißt bei Klinkerstufen mindestens 60 cm. Weil es eine kostspielige Angelegenheit ist, wird für das Fundament meist Kalksandstein verwendet und erst 10 cm unter dem Oberflächenverlauf mit Ziegeln gemauert. Ich persönlich schätze großflächigere Stufen besonders, mit einer Tiefe von 60 cm etwa, da läßt sich genüßlich flanieren. Im Haus sind Treppen weit weniger großzügig bemessen: Entspre-

chend den üblichen Schuhgrößen sind die Stufen nur etwa 25 bis 30 cm tief.

Stufen aus Granit

Suchen Sie am besten einen Händler für Baumaterialien auf und fragen dort nach alten Bordsteinen, die meistens aus Granit bestehen. Sie sind manchmal bräunlich, meistens jedoch grau. Solche Bordsteine lassen sich gut für die Stufen im Innenhof verwenden. Sie haben allerdings einen großen Nachteil: wenn Sie sie alleine in den Kofferraum laden wollen, sollten Sie Mitglied in einem Fitneßclub sein, denn die Steine sind einfach bleischwer. Auch wenn Sie sie Zuhause im Garten verlegen, brauchen Sie unbedingt ein paar starke Helfer. Lassen Sie sich von solchen Mühen nicht abschrecken; der Aufwand lohnt sich auf jeden Fall.

In den von mir entworfenen Gärten in Belgien macht man oft Gebrauch von Granitblöcken. Wenn eine Stufe 15 cm Höhe hat, ist der Block 45 cm hoch und verschwindet 30 cm tief in der Erde. Der Block wird in mit Zement vermischten Sand (sogenannten „stabilisierten" Sand) gelegt, welcher den Stein rundum stützt und ein Neigen oder Einsinken verhindert. Wie schon bei den Klinkerstufen ist ein solides und dauerhaftes Fundament auch hier obligatorisch.

Wer sich schon einmal über Granit informiert hat, weiß, daß es nicht gerade billig ist. Aber mit etwas Glück finden Sie vielleicht einen günstigen Anbieter.

Vor gut 20 Jahren habe ich diesen Stadtgarten in Rotterdam entworfen, ein zeitloser Entwurf, wie sich heute zeigt. Holzpaneele, ein Mühlstein und breite Bohlenstufen, zusammen mit Pflanzen wie Hosta sieboldiana *„Elegans" ergeben ein kontrastreiches Spiel der runden und geraden Linien.*

Gegenüberliegende Seite: Ich baute eine winzige alte Terrasse zu einem Holzdeck mit hohem Gebrauchswert um. Als Treppe dienen Bohlen.

Natürlich kann sie nicht jeder haben, daher greifen viele zu Holz, welches wesentlich günstiger ist.

Stufen aus Holz

Im Mittelalter, möglicherweise auch schon früher, wurden in den nördlichen Ländern Europas Eichenholzbretter verwendet, um daraus Pflanzenkübel, Stufen und Bänke herzustellen, die aus Erde bestanden und mindestens vorne, häufig auch ganz mit Holz verkleidet und stabilisiert waren.

Heute sieht man Eiche kaum noch im Freien angewendet, obwohl es ein schönes und haltbares Holz ist, welches eine warme Ausstrahlung hat, was wir schon immer im Wohnbereich geschätzt haben. Meistens bestehen Holzstufen draußen aus behandelter Kiefer.

Eine Stufe fertigen Sie wie folgt: Sie schlagen zwei möglichst viereckige Pflöcke in die Erde oder graben sie ein. Nun befestigen Sie darauf das Brett. So einfach ist es. Wenn man die Konstruktion nicht sehen soll, lassen Sie an den Seiten der Stufen immergrüne Pflanzen wie Efeu, Buchsbaum oder Ölweiden ranken. Zur Wegbefestigung stehen eine Menge Materialien wie Klinker, Kies und Betonprodukte zur Verfügung.

Nochmal Holz: die beliebten Bohlen

Nur noch selten setze ich diesen Werkstoff ein, da es eigentlich schon zuviel verwendet worden und damit praktisch ausgereizt ist. Das Material dürfte eigentlich jedem bekannt sein, so daß wir mit einer knap-

In diesem Garten legte ich lange Bohlen durch ein Blumenfeld als Stufen an, um so die hohe und die tiefe Terrasse miteinander zu verbinden. Die Weide ist der natürliche Sonnenschirm.

pen Anleitung auskommen. Jede Stufe von 15 cm Höhe, wenn die Bohle auf ihrer Flachseite liegt, braucht als Fundament eine zweite, darunterliegende Bohle. Beide werden durch extralange, spezielle Nägel miteinander verbunden. Bohlen kann man schwarz beizen, daher lassen sie sich sogar in moderne, strenge Garteneinrichtungen integrieren.

Beim Hausbau sollte man die Gestalt des Gartens bereits kennen, um beim Bau die Mauern und Treppen zu integrieren. Die Stufen stehen etwas über, so daß sie Schattenkontraste bilden.

Andere Holzstufen

Dann gibt es noch die Stufen aus zusammenliegenden Kreisen, mit senkrecht in den Boden geschlagenen Pfählen, gegen die ich ehrlich gesagt eine undefinierbare Abneigung habe, und erst recht gegen die aus halbrunden Pfählen. Ich kann jedoch nicht sagen, daß sie häßlich sind. Es hängt nur vom Einsatz ab. Sehr gut geeignet finde ich sie als Palisaden, sowohl für den Zaun wie auch für Stufen. Wenn alle Wände, Stufen und Kübel daraus gemacht werden, entsteht eine harmonische Einheit mit konsequenter Linienführung. Ist weniger Strenge gewünscht, so kann dem einfach mit üppiger Bepflanzung abgeholfen werden.

Steinstufen

Als Liebhaber und Gestalter japanischer Gärten lasse ich häufig Treppen aus Findlingen herstellen. Erst kürzlich entdeckte ich sehr dekorative rundliche Steine in rötlicher Färbung, die sich vorzüglich als Stufen im Garten eignen. Wählen Sie solche Exemplare, die eine flache Seite haben, auf der man gut stehen kann. Auch in diesem Fall ist wie-

Ganz zurückhaltend sind hier die Bohlen als Stufen; links die Terrasse aus praktischen Kiesplatten, rechts ein Trittstein zwischen dekorativen Staudenpflanzen und Rosen.

Gegenüberliegende Seite: Dieses Wasserelement, gebaut aus Bohlen, ist urig und für viele Jahre gut, auch wenn man wenig Zeit für Gartenpflege hat; Die Bohlen dienen auch als Trittstufen.

der eine Mischung aus Sand und Zement angebracht, in welche die Stufen zur Befestigung gelegt werden. Sie können entweder schmale oder breite Stufen errichten: einfach verlegt mit schlichtem Charme, großzügig und ausladend mit mehreren Steinen je Stufe.

Stufenförmige Pflanzenkübel

Alle in diesem Kapitel genannten Materialien eignen sich auch für die Errichtung stufenförmiger Behälter. Ob Klinker, Granit, Holz, Bohlen oder Pfähle: hier läßt sich alles gleichermaßen gut einsetzen. Wenn es jedoch höhere Pflanzenkübel sein sollen, sind Bretter oder Bohlen gut und billig. Es versteht sich von selbst, daß sie behandelt sein müssen.

Kleine Hügel

Bestimmt mag nicht jeder Stufen im Garten, und sei es nur wegen der Möglichkeit, daß man über sie stolpert. In hügeligen Gegenden ist man seit eh und je gewohnt, weniger steile Höhenunterschiede durch ansteigende Wege zu bewältigen. Auch im Patiogarten ist eine solche Möglichkeit denkbar, um eine erhöhte oder vertiefte Terrasse zu erreichen. Es ist nur die Frage, ob das auch gut aussieht. Im Innenhof ist man natürlich eher an Stufen gewöhnt, doch warum sollte man nicht einmal versuchen, mit Wällen zu arbeiten? Es muß nur achtgegeben werden, daß sie in das Gesamtbild des Gartens passen, dann sind sie eine denkbare Alternative zu Stufen. Besonders für Gartenliebhaber, die nicht so gut zu Fuß sind oder im Rollstuhl sitzen, sind auf- und absteigende Wege die beste Lösung.

Wenn Sie eine Böschung mit einem Weg anlegen wollen, achten Sie bitte darauf, daß Sie dazu kein glattes, sondern möglichst stumpfes Material nehmen. Es empfiehlt sich, Ziegelsteine bei steileren Aufschüttungen so zu verlegen, daß leicht überstehende Kanten entstehen, die Steine also nicht genau parallel zur Steigung liegen, sondern etwas in die Waagerechte gedreht. Diese Methode, die erfreulicherweise nicht einmal zusätzliche Kosten verursacht, wird auch an steilen Garagenzufahrten angewandt. Kies eignet sich weniger, weil man darauf ausrutschen kann, was ebenfalls bei nassen Steinblöcken die Gefahr ist. Eine vernünftige Entscheidung sind dagegen Betonsteine und Klinker, die ausreichend stumpf sind. Pflanzen Sie auf die Seiten *Pachysandra, Vinca, Efeu* oder *Campanula* (Glockenblume), die mit ihrem dichten Wurzelwerk verhindern, daß die Erde weggespült wird.

Stufen aus verschiedenen Materialien bilden hier eine Treppe, die viel von ihrer beängstigenden Höhe verloren hat.

Sie können Treppen auch zwischen blühenden Pflanzen und Grün verstecken, so daß jeder Schritt eine Entdeckung darstellt.

Pergolen

Es sind mehr Konstruktionen für Pergolen denkbar, als der Handel vorgefertigt anbietet. Dabei ist eine Pergola ein idealer Blickfang im Garten.

In einer südniederländischen Provinz befindet sich dieses schräge Vordach mit Dachpfannen, das den Bewohnern als geschützter Ort zum sitzen und arbeiten dient. Die weißen Pfeiler passen ideal zum Weiß des Hauses. Daneben liegt eine herrliche Anlage mit einem Teich, Blumen, Gemüse und Obstgarten.

Ein Patio ist der abgeschirmte Teil eines Gartens. Er besteht aus einem Boden, einigen Wänden aus Stein, Holz oder Hecken und einem Dach, welches im Prinzip aber offen ist. Wenn der Patio wenig gelungen ist, hat man leicht den Eindruck einer Schachtel. Um einem solchen negativen Effekt entgegenzuwirken, bringen Bäume, Sträucher oder großblättrige Pflanzen Schatten und somit Abwechslung in den Garten. Auch Pergolen erfüllen diesen Zweck hervorragend. Ihr großer Vorteil ist, daß ihre Größe im Gegensatz zur Vegetation konstant bleibt. Ihre Höhe und Breite ändert sich auch mit Begrünung kaum. Außerdem kann eine Pergola einen architektonisch korrekten Übergang zwischen Haus und Garten bilden. Die Pergola sollte möglichst aus imprägniertem Hartholz bestehen.
Meine Vorstellung von einem Garten ist, daß ich mich möglichst oft darin aufhalten möchte und nicht schon bei Nieselregen ins Haus flüchten muß. Also spielen Abschirmungen und überdachte Pergolen bzw. Veranden eine wichtige Rolle.

Das Konstruieren einer überdachten Pergola oder Veranda ist oft eine knifflige Sache, deshalb sollten Sie einen Zimmermann damit beauftragen. Als Dach können Sie dunkles Hartholz wählen oder Verbundglas, wenn es lichtdurchlässig sein soll. In diesem Falle muß die Konstruktion stabil genug sein, um das Gewicht der Glasscheiben tragen zu können.

Zusätzlich beschwert wird das Dach noch im Winter, wenn Schnee daraufliegt. All diese Überlegungen führen dazu, daß jede Veranda von äußerst solider Bauweise sein muß.

Hier ist aus einer Garagenzufahrt teilweise ein Garten gemacht worden, dessen Einteilung und Bepflanzung ich übernehmen sollte. Die Besitzer bauten einen Schuppen, dessen Dach das Bild wesentlich gestaltet.

Ein Dach mit Holzschindeln

An einem Haus in der südniederländischen Provinz Limburg entdeckte ich eine Veranda, die japanisch anmutete. Davor war ein Teich angelegt. Die gesamte Veranda war vom Boden bis hoch zu den Dachschindeln aus Holz gebaut, und zwar aus imprägniertem Kiefernholz, das schon eine grünlich-graue Farbe angenommen hatte.

Das Satteldach gab ein großzügiges Raumgefühl, ein Konzept, das zur Nachahmung empfohlen werden darf. In Amerika werden Holzschindeln schon seit langem verwendet, bei uns haben sie sich noch nicht durchgesetzt. Bewundern kann man sie auch in Japan, wo sie aus *Cryptomeria*, einer Hartholzart, hergestellt werden.

So ein Dach wirkt schon bald verwittert: Wenn sich Moos auf den Holzschindeln gebildet hat, fügt sich die Neukonstruktion harmonisch in die Umgebung ein.

Auch ein Balken auf zwei runden Pfählen funktioniert gut als Pergola.

Nicht außer Acht gelassen werden sollte die Möglichkeit, für die Pergola Eisen zu verwenden. Das bietet sich gerade bei Häusern in moderner Bauweise an, wo der moderne Charakter des Gebäudes im Garten fortgesetzt wird. Den Entwurf können Sie selbst vornehmen, doch die Fertigung gehört in die Hände eines Fachmannes.

Sonnenschirme und Lauben

Wenn wir draußen sitzen wollen, bieten Lauben und Sonnenschirme uns Schutz vor der Sonne oder, wichtiger in unseren Breiten, vor Regen.

Diesen Sonnenschirm aus Peddigrohr hat der Regen grau verfärbt, was seiner Optik nicht im geringsten geschadet hat.

Wenn Sie in Ihrem Innenhof gerne eine Laube haben wollen, brauchen Sie reichlich Platz. Aber auch bei begrenztem Raumangebot ist eine Laube denkbar, wenn es kein wuchtiges Gestell ist, das einen „erschlägt", sondern transparent in der Optik ist und beispielsweise aus einer Eisenkonstruktion besteht.

Denken Sie nur einmal an den berühmten weißen Garten von Sissinghurst. Das ist auch ein Patiogarten, der teils durch Mauern und teils durch hohe Hecken umsäumt wird. In der Mitte findet sich eine schmiedeeiserne Laube ohne Dach, aber überwachsen mit weißblühenden Rosen. Jeder, der es sieht, ist davon bezaubert, und viele mögen sich dadurch bereits inspirieren haben lassen, selber eine solche bewachsene Laube aufzustellen!

In einer Ecke oder in der Mitte des Innenhofes kann eine solche Eisenkonstruktion zum schattenspendenden Mittelpunkt werden, bedeckt mit Blauregen, magentafarbenen Rosen oder üppig blühender *Clematis montana*. Geschlossene Lauben sind für den Patiogarten kaum geeignet. Als Alternative zur offenen Laube bietet sich vielleicht eine Pergola an, die sich ebenso vielseitig begrünen läßt.

Sonnenschirme

Auf italienischen Märkten werden sie eingesetzt, damit die angebotenen Lebensmittel und auch die Marktbesucher vor der Sonne geschützt sind: die großen Schirme aus weiß- oder ecrufarbenem Tuch mit einem Gestell aus Holz. Mittlerweile haben sie sich auch hierzulande etabliert, allerdings für den privaten Gebrauch, und sie sind in verschiedenen Preisklassen und Ausführungen zu haben. Daß sie auch einen kurzen Regenschauer abhalten können, macht sie als großes, helles Einrichtungsstück im Garten noch attraktiver. Einen gravierenden Nachteil haben diese Schirme allerdings: Die große Oberfläche des Tuchs ist leider physikalischen Gesetzen unterworfen, sehr windempfindlich also. Es gibt jedoch einige Möglichkeiten, sie vor dem Umstürzen zu bewahren.

Gegenüberliegende Seite: In Amerika sind handbemalte Schirme aus gelaugtem Papier populär. Sie werden in vielen Farben angeboten, lassen sich aber auch noch selbst bearbeiten. Regen vertragen sie nicht, dafür aber geben sie sich luftig für den Sommer.

Zum einen können Sie ein Loch ausheben und ein Rohr darin einbetonieren, in das etwas Splitt gefüllt wird. Das verhindert, daß der Schirmfuß in Regenwasser steht.

Als Zweites sind die schwarzen oder grünen Schirmständer aus Eisen zu nennen, die genügend stabilisierendes Gewicht mitbringen und die Auflagefläche vergrößern.

Die dritte Möglichkeit ist ein stabiler Gartentisch mit einem Loch in der Mitte, in das die meisten Schirme passen. Der Fuß sollte auch hier in einen Eisenständer gestellt werden, dann ist er sogar zweifach abgestützt.

Ruhe und Gediegenheit herrscht an diesem Ort, es ist alles klar gegliedert, und keine wilden Farben springen einen an. Sich hier aufzuhalten ist eine Wohltat für die Seele.

In dieser liebevoll gestalteten Gartenszene ist der Rand des Schwimmbeckens mit Sandsteinplatten gelegt worden. So entsteht der Eindruck eines Teiches, auch durch die Verwendung von schwarzem Kunststoff statt dem üblichen blauen.

Die oben besprochenen italienischen Marktschirme finden sich übrigens auch auf den Terrassen vieler Restaurants, wo jeder Schirm einen Tisch überspannt, so daß die Gäste auch bei einsetzendem Regen weiteressen können und nur die Kellner etwas naß werden. Wer also zuhause gerne draußen speist, stellt sich so einen Schirm auf.

Der einzige Nachteil ist eigentlich nur das herabfließende Wasser, das bei einem Wolkenbruch auch vom Boden kräftig hochspritzt. Daher bevorzuge ich immer noch die überdachte Terrasse direkt am Haus als wettergeschütztes Fleckchen. Wer sich nicht gerne mit einem schweren Schirm quälen möchte, für den gibt es auch andere, leichtere Modelle auf dem Markt.

Doch auch diese müssen vor drohendem Wind gesichert werden. Ich kenne eine Blumenmalerin, die einen Schirm an ihren Stuhl klemmt, wenn sie draußen arbeitet.

Das ist natürlich auch eine gute Idee: jeder Stuhl bekommt seinen eigenen Schirm. Für welches Modell Sie sich auch immer entscheiden, berücksichtigen Sie auf jeden Fall die Farben der Pflanzen in der Nähe des Schirms. Überlegen Sie sich, ob der Schirm deren Blütenfarben gewissermaßen fortsetzen oder ob das Tuch lieber einen Kontrast dazu bilden sollte. Die richtige Farbwahl ist gerade hier wichtig, denn es geht um eine große Fläche, die im ungünstigsten Fall die Färbung des gesamten Gartens aus dem Gleichgewicht bringen kann.

Für ländliche Anwesen eignet sich diese Art Pergola besonders. Sie wirkt besonders schön mit Blauregen, Wein, Clematis montana *und einigen duftenden Kletterrosen. Nach etwa zwei Jahren ist diese Kombination ausgewachsen.*

Der Patiogarten mit Staudenpflanzen

Viele Gartenbesitzer haben heutzutage nicht mehr soviel Zeit für ihre Gartenarbeit. Staudenpflanzen, in Töpfen oder eingepflanzt, sind in diesem Fall eine gute Lösung.

Graue Staudenpflanzen wie diese Eselsohren, Stachys byzantina, *unterstützen die rote Färbung der Klinker. Der zu den Halbsträuchern gehörende graue* Lavendel *ist weniger auffallend und schwächt Kontraste ab.*

Es ist ein Traum vieler Gartenliebhaber, ein wahres Blumenmeer zwischen Teich, Terrasse und Weg zu haben. Es ist nicht schwer, so etwas wahrzumachen. In jedem Fall ist es aber wichtig, bei der Pflanzenauswahl daran zu denken, daß der Garten auch im Winter schön bleiben soll. Dazu brauchen Sie immergrüne Pflanzen, die Sie an exponierte Stellen setzen. Dieses Thema wird im folgenden Kapitel ausführlich behandelt.

Blühende Pflanzen gibt es viele; nur einige davon blühen über mehrere Monate. Deshalb kombiniere ich mit den Stauden gerne Rosen, da die heutigen Rosenzüchtungen von Juni bis Oktober blühen. *Geranium endressii*, eine 40 cm hohe rosablühende Staude, blüht ebenfalls lange, gleiches gilt für *Sedum* „Herbstfreude" (Juli bis Oktober). Es gibt noch mehr solcher Pflanzen, beispielsweise die bodendeckende *Campanula portenschlagiana*, die besonders lange blüht, wenn Sie verwelkte Blüten rechtzeitig entfernen.

Die meisten Pflanzen blühen jedoch nur einen Monat lang, höchstens eineinhalb. Wir müssen also die Blütenfolge berücksichtigen. Daher ist mein Rat: wählen Sie Mehrjährige aus mit schönen Blättern, die farbig oder zumindest gescheckt sind, eine feine, z. B. farnartige Struktur haben oder einfach nur durch ihr Format auffallen. Solche Merkmale bietet beispielsweise *Hosta*, welche große ovale Blätter hat, *Darmera peltiphyllum* mit ihren großen runden Blättern, oder die gelb blühende *Ligularia*. *Cimicifuga* blüht Juli bis Oktober und besticht das ganze Jahr

Rosa *'Madame Hardy' überragt hier eine Mischung verschiedener Stauden: die hellblaue* Campanula lactiflora *'Loddon Anna', die zitronengelbe* Achemilla mollis, *und im Vordergrund rechts* Eryngium giganteum.

durch ihre dekorativen Blätter, genau wie *Astilbe* und *Geranium clarkei* 'Kashmir White', welche zwar kurz, aber dafür herrlich weiß blüht. Mit gefleckten Blättern warten einige Züchtungen der *Pulmonaria* auf, ebenso die silbrige *Brunnera,* das mehrjährige Vergißmeinnicht. Auch eine Zuchtform der *Hosta* hat weiß- oder gelbgeränderte Blätter.

Sorgen Sie für eine frühe Frühjahrsblüte, indem Sie sich z. B. mehrjähriger Knollengewächse bedienen; für den Sommer können Sie Zwiebelgewächse wie etwa Lilien nehmen und Herbstzeitlose sowie Alpenveilchen für einen bunten Herbst.
Wenn Sie regelmäßig bei gutsortierten Gartenmärkten vorbeischauen, können Sie viel über die zahlreichen Möglichkeiten von Staudenpflanzen erfahren.

Nehmen Sie immer einen Notizblock mit, wenn es geht auch einen Fotoapparat, und knipsen Sie alle Blüten, die Sie interessieren, und notieren Sie dazu die Namen und die Blütezeit. Das hilft Ihnen bei der Planung. Wenn das zu langwierig scheint oder Ihnen nicht liegt, beauftragen Sie einen Fachmann für Gartengestaltung. Auf keinen Fall sollten Sie ohne einen Plan experimentieren, das könnte unter Umständen teuer zu stehen kommen.

Im klassischen Blumenbeet richtet sich die Anordnung nach Wuchshöhen. Das Bild zeigt Sedum *'Herbstfreude' im Vordergrund. Diese Sorte wird später rötlich bis tiefrot und paßt dann gut zu den Herbstanemonen. Die gelben Achilleapflanzen sind wie Lichtblitze; es fällt auf, wie dunklere Töne in den Halbschatten fallen und die hellen sichtbar bleiben.*

Der Garten eines Auftraggebers

Unten sehen Sie den Grundriß eines Gartens, der vor der Neugestaltung überwiegend aus Grasflächen mit Koniferen in der Mitte bestanden hatte. Ein ausladender Teich schaffte hier Erneuerung. Es kamen einige Sitzgelegenheiten hinzu, damit man aus verschiedenen Richtungen auf das Wasser sehen kann, und einige neue Stauden. Die Pergola macht die Lichtverhältnisse vielseitiger.

1 Bereits vorhandene Platten, kombiniert mit Klinkern
2 Terrassen aus Holz
3 Moderne Skulptur auf Sockel
4 Teich aus Kunststoff mit Holzkanten
5 Pergola aus Hartholz, mit Wein bewachsen
6 Bereits vorhandene, säulenförmige Koniferen
7 Stauden in Blautönen

Der Patiogarten im Winter

Einmal sagte ein Kollege in einem Interview: „Im Sommer kann jeder einen Garten schön gestalten; mir geht es darum, im Winter einen herrlichen Garten entstehen zu lassen."

Ein treffender Ausspruch und für uns ein guter Anhaltspunkt bei der Bepflanzung des eigenen Gartens.

Meistens fange ich bei der Neubepflanzung eines Patios mit der Plazierung eines Baumes oder eines großen Strauches an. Von hier ausgehend pflanze ich dann immergrüne Gewächse wie den Nieswurz *(Helleborus foetidus)* oder *H. lividus corsicus*, die den kahlen Baum umgeben. Dann kommen z. B. runde Buchsbaumsträucher oder immergrüne Sorten wie *Viburnum davidii*, der weiß blüht und blaue Beeren trägt. Er wird etwa 50 cm hoch.

Für die höhere Etage wähle ich oft Ilex wegen seiner Beeren und Bambus. Das belebt den Garten, was in einem statischen, von Mauern umgebenen Raum sehr wichtig ist. Wenn der Garten soweit eingerichtet ist, vielleicht noch ergänzt durch eine niedrige immergrüne Hecke bei der Terrasse oder am Weg, die den Raum gliedert, kommen die restlichen Pflanzen an die Reihe. Hier stehen uns zur Verfügung: *Epimedium* (kurz), *Tiarella* (kurz, weiß), *Waldsteinia* (kurz, gelb), *Asarum* (kurz, gelb), *Vinca* (kurz, blau) und andere Sorten.

Wenn Sie die Terrasse noch schmücken wollen, nehmen Sie Buchsbaumkugeln in Töpfen, mit Efeu angefüllt, das vom Topf herabhängt. Pflanzen Sie sie aber vorher in Plastikkübel, die Sie im Frühjahr im Garten eingraben. Im Winter werden diese in Terrakottagefäße gestellt, die auf diese Weise nicht durch Frost platzen können.

Wer sich bei Hosta *jährlich wiederkehrende gelbe Ränder wünscht, wählt* Hosta sieboldiana *'Francis Williams'. Auf dem Foto die verfärbten Blätter von* Hosta sieboldiana *'Elegans' im Spätsommer.*

Die Bepflasterung zwischen Stauden

Einen Garten dicht zu bepflanzen ist nicht schwierig: Mit Zierstauden, Strauchrosen, Herkuleskraut und einer beliebigen Menge anderer Pflanzen, die in Höhe und Breite auswuchern, hat Ihr Patio bald die Üppigkeit des Urwaldes.

Der Betonboden ist der Rest eines alten Schuppens und stellt einen stabilen Untergrund für Töpfe dar.

Wer es jedoch geräumig mag, sollte im engen Patio vorsichtig sein mit Gewächsen, die sich stark ausbreiten. Mit einzelnen Solitären herausragende Akzente zu setzen, ist weitaus wirkungsvoller. Von diesen gibt es mehr als genug: Efeu, *Euonymus fortunei* 'Carrierei' und Strauchrosen wie *Rosa macrantha* 'Raubritter', um nur einige zu nennen. Für die niedrige Bepflanzung schlage ich Glockenblumen, in vielen Varianten erhältlich, vor. Auch *Alchemilla mollis* erreicht selbst im Blütenstand maximal 30 bis 40 cm. Echte Bodendecker sind *Vinca, Pachysandra, Tiarella* und *Ajuga*.

Wollen Sie eine ruhige Gartenszenerie, ist es ratsam, größere Gruppen von je einer Sorte anzupflanzen. Diese Gruppen sollten nicht zu streng und gerade verlaufen, und hier und da steht ein Solitär, damit es natürlich aussieht. Beachten Sie bei der Auswahl die Unterschiede in Blattform und Farbe, ebenso in der Blütezeit. Mein Vorschlag: Für gelbe Sommerblüten sorgt zuerst eine größere Anpflanzung von *Waldsteinia ternata*, gefolgt von *Alchemilla mollis* und danach *Helleborus lividus corsicus* mit seinen grüngelben Blüten, wie *Waldsteinia* immergrün. Im Mai blüht als Repräsentant der blauen Farbtöne *Ajuga reptans*, und wird im Juni von *Campanula poscharskyana* abgelöst, wo eine zweite Blüte möglich ist. Wenn der Sommer sich verabschiedet, bieten noch die kurzen Herbstastern ein spektakuläres Farbenspiel.

Weißblühende Pflanzen sind reichlich vorhanden. Kaum daß das Frühjahr begonnen hat, blüht *Iberis sempervirens* 'Snowflake', gefolgt

In der Mittelmeerregion besteht Pflaster oft aus weißem und dunklem Kies, der aus den dortigen Flüssen stammt. Hier ist ein Muster in Form eines Granatapfels zu sehen.

von *Tiarella cordifolia* und *T. wherry*, die nacheinander während der ganzen Saison bis in den Herbst hinein weiße, kerzenförmige Blüten bilden. Mehrere weiße Kriechrosen, z. B. *Rosa* 'Snowballet', dienen auch als Bodendecker. Weißblühende *Pachysandra* gehören zu den wintergrünen Pflanzen.

Ein Vertreter der rosafarbenen Frühblüher ist *Helleborus orientalis*, etwas später entfaltet die Storchschnabelart *Geranium endressii* sein sommerliches Blütengewand; Steinnelken und *Sedum spurium* 'Schorbuser Blut' mögen sonnige Standorte, Astern erblühen noch im Herbst in Rosa und Lila, am wirkungsvollsten dicht zusammenstehend in großen Rabatten.

Wer auf Blumen weniger Wert legt, kann auch den Boden mit *Hosta*, Christrosen und dem Ziergras *Pennisetrum compressum* begrünen. Geeignet für diesen Zweck ist auch ein wintergrünes Ziergras, *Festuca scoparia*, das auch in größeren Einheiten gepflanzt werden sollte.

Für kühlere, feuchte Klimazonen sind Lavendel und Santolina etwas empfindlich, außerdem muß der richtige Zeitpunkt für das Zurückschneiden genau gewählt werden. Bei mir zu Hause im rauhen Nordseeklima ist das Ende April; sie werden dann mit der Heckenschere rigoros bis auf 10 bis 15 cm gekürzt. Das Nachwachsen und Blühen beobachte ich immer mit großer Freude, und auch im Winter sind die graufarbenen Gruppen noch eine Zierde.

Schotter ist nicht rund wie Kies, sondern hat scharfe Kanten, die durch Bruch entstehen. Er ist in allerlei Farben erhältlich.

Gegenüberliegende Seite: In diesem prächtigen, historischen Gartenhaus ist die niederländische Gartenstiftung ansäßig, die sich für den Erhalt besonderer Privatgärten und deren Öffnung für das Publikum einsetzt.

Statt Pflaster: Kies, Splitt oder Schotter

Anhänger von sandigen Stränden, Flußbetten und allem, was warm und mediterran anmutet, schätzen sicher auch größere Bündel Lavendel im Kies oder rosafarbene Kriechrosen in ockergelbem Sandsteinsplitt. Zusammen mit Mauern aus roten Ziegelsteinen ergibt das ein wohltuendes, südländisches Ambiente. Zu weißen Patiomauern nehmen Sie besser hellen Kies oder grauen Schotter, der gut mit silbergrauen Bodendeckern harmoniert, und auch mit dem bereits genannten Lavendel. Lehmboden ist im getrockneten Zustand ockerfarben und harmoniert mit allem, was gelb blüht und mit den Grüntönen von *Hosta, Pachysandra, Waldsteinia* und Frauenmantel. Eine Mischung aus ockerfarbenen Flußsteinen und Lehm in einer Stärke von 20 cm ergibt eine stabile, anspruchslose Wegbefestigung. Auch Splitt kann so aufgebracht werden, daß kein großer Pflegeaufwand nötig ist. Dazu wird Hartplastik in Wabenform unterlegt. Eine solche Wabenmatte ist 4 bis 5 cm hoch und wird mit dem feinkörnigen Splitt aufgefüllt. Gegen Unkrautbildung empfiehlt sich eine untergelegte Spezialfolie. Weil der Splitt eine stabile Unterlage hat, hält sie stärkerer Belastung stand und kann sogar von Autos befahren werden.

Der Wegbelag aus feinkörnigem Stein ist einfach und schnell aufzutragen und relativ preiswert. Wer aber gerne barfuß läuft, wird sicher ein Klinker- oder Plattenpflaster bevorzugen, aber wo das nicht sein muß, ist ein Belag aus Schotter ein guter Tip.

Der Garten der niederländischen Gartenstiftung aus einer anderen Perspektive. Ich habe die Bepflanzung leicht geändert, die Aufteilung mit Pflanzenfächern und Schotterflächen jedoch ist geblieben. Die blauen Blätter sind Hosta tardiana *'Halcyon'.*

Schnittformen

In einem Garten mit schnellwachsenden Sträuchern und Koniferen gibt es zwei Möglichkeiten, Ordnung in die Wildnis zu bringen: entweder durch Ausdünnen oder durch gestaltenden Schnitt.

Die Schnittfiguren im 'Jardin d'Amour' des Brüsseler Museums Van Buren sind aus Buchsbaum (hell) und Taxus baccata *(dunkel).*

Das Ausdünnen oder Zurückschneiden beinhaltet das bodennahe Kürzen von Stauden und Sträuchern. Bei vielen Pflanzen ist der Schnitt nur alle 4 bis 5 Jahre erforderlich. Bei Koniferen trifft das nur auf einige Sorten wie z. B. den *Taxus* zu, aber die Regel ist es nicht.

Die zweite Möglichkeit besteht im Formschneiden von zu üppig wachsenden Pflanzen. Das kann für manchen Gartenfreund ungeahnte Gestaltungsmöglichkeiten erschließen und zu überraschenden Ergebnissen führen. Das ist zumindest meine Erfahrung, wenn aus einem chaotischen Zweigengewirr plötzlich ein klares Spiel mit der Geometrie der runden Formen entsteht. Ich erlebte dies zum ersten Mal in Amsterdam, wo ich den Garten einer großen Villa gestaltete.

Die Auftraggeberin ist bildende Künstlerin von Beruf und stellt Wandteppiche für Banken, Universitäten, Fluggesellschaften und Museen her. Sie versteht sich also auf Formgebung, aber für die Gartengestaltung holte sie sich meine Zusammenarbeit.

Das Haus lag höher als der Garten, und ich entwarf schwebende, schwarzgebeizte Terrassen aus Holz, die versetzt zueinander in den Garten führten. Auf der rechten Seite war ein Rasen mit einem Teich darin; die ebenfalls schon vorhandene Trauerweide konnte stehen bleiben. Auf der linken stand nur ein einziger Lebensbaum. Ich pflanzte massenhaft Ölweiden dazu, so daß eine dichte graue Hecke entstand, die nach wenigen Jahren dermaßen wucherte, daß die Künstlerin einen Gärtner beauftragte, durch gezielten Schnitt Ordnung zu

schaffen. Dadurch entstand aus Blattwerk eine abwechslungsreiche, wintergrüne Gartenlandschaft mit ansprechenden Formen.
Für mich war es eine wichtige Erfahrung, und seitdem schneide ich alle zu groß werdenden Stauden und Strauchformen rund, einschließlich Koniferen. Es ist verständlich, daß man nicht übertreiben sollte, denn schnell ist die Wirkung zu kitschig. Einzelne Exemplare oder kleine Gruppen von rundgeschnittenen Gewächsen reichen völlig aus, um sie gebührend zur Geltung kommen zu lassen. Einen anderen Garten entwarf ich in mehreren Phasen. Der Eingangsweg wird von vielen blühenden Pflanzen gesäumt, und von kleinen Gruppen rundgeschnittener Büsche, die auch im Winter für Form und Farbe sorgen und obendrein Ruhe ausstrahlen. Es handelt sich dabei um Buchsbaumpflanzen, die durch Schnitt wie Kiebitzeier zwischen *Geranium* und *Hosta* liegen, unten bewußt von jeglichem Blattwerk befreit, um die gerundete Form perfekt zu machen. Auch andernorts im Garten wurden Gewächse in Form geschnitten, z. B. nah an der Hecke stehender, wild auswachsender *Ligustrum*. Dieses Strauchwerk wurde kegelförmig geschnitten, „konisch“ heißt das in der Fachsprache. Besonders an der dunklen Heckenkulisse entsteht Ruhe und Rhythmus.

Gegenüberliegende Seite: Wer das Schneiden und Gestalten mag, schneidet im Sommer den Blauregen zurück und entfernt alle überhängenden Stengel, so daß diese abgerundeten Formen zum Vorschein kommen, die einen Zaun oder eine Mauer zieren.

Immergrüne Heckenpflanzen

Alle Ilex-Sorten lassen sich gut schneiden, vorausgesetzt es wird damit begonnen, wenn die Pflanzen noch jung sind. Ilex hat nämlich einen Nachteil: Was von unten her kahl wird, bleibt auch kahl und wächst

Diese Hecke auf Stelzen, Spalierlinden, steht vor einer schon vorhandenen Buchenhecke. Zwischen den Stämmen steht eine niedrige Hecke als Abschluß.

Efeu kann über Draht oder Erdwälle geleitet auch eine Hecke bilden und als solche Buxusanlagen umrahmen. Auch aus Lonicera pileata *und* Lonicera nitida *lassen sich schöne Hecken schneiden, ebenso aus der niedrigen* Ilex crenata.

kaum noch nach. Ist das einmal geschehen, bleiben drei Möglichkeiten, den Schaden einigermaßen zu korrigieren.

Erstens kann Ilex auf Stamm zum Baum heranwachsen und eine beträchtliche Höhe erreichen. Der Platz rund um den Stamm kann mit Bodendeckern begrünt werden und dadurch sogar Tiefe gewinnen. Als zweite Lösung bietet sich an, die Hauptzweige bis zur Erde, besser bis auf 50 cm herabzusägen, in der Hoffnung, daß sie wieder neu austreiben. Oftmals wird das der Fall sein, aber es kann eine ganze Weile dauern, bis der Strauch von unten wieder belaubt ist. Die dritte Möglichkeit wäre, junge Ilexpflänzchen nah am Stamm zusätzlich einzupflanzen, wobei die Sorte mit der „Stammpflanze" übereinstimmen sollte.

Neben Ilex ist Buchsbaum die beliebteste immergrüne Strauchform. Es gibt mehr als 80 verschiedene Arten Buxus, wie die lateinische Bezeichnung lautet. Diese Vielfalt könnte eine Herausforderung sein, mit mehreren Sorten zu arbeiten, wenn der Garten dazu Platz bietet. Buchsbaum läßt sich von Grund auf durch Schnitt sehr gut formen, bei älteren, verwilderten Exemplaren wird das etwas schwieriger. Kahlgewordene alte Zweige bilden kaum noch junge Triebe, so daß die drei bereits beim Ilex genannten Vorgehensweisen auch hier zutreffen. Der Schnitt läßt vielerlei Gestaltungsmöglichkeiten zu. Außer den abgerundeten können auch winklige Muster eine bestimmte Wirkung erzielen. Große Quadrate oder kleine geometrische Formen in einem

Die grautönigen Accessoires am Fuß eines großen Baumes haben eine etwas geheimnisvolle Atmosphäre entstehen lassen. Für den ernsten Charakter und für den Winter eignet sich Buchsbaum am besten, der Schnitt erinnert an alte italienische Gärten.

Farb- und Blattgewirr sprechen mich besonders an. Ein Übergang zwischen Haus und Garten wird dadurch fließend, speziell im Patiogarten.

Der Lorbeer in den Holzkübeln wird im Sommer geschnitten.

Eine Ilexform ist *Osmanthus heterophyllus*, eine Sorte mit zierlichem, eingekerbtem Blatt, die jedoch nur langsam wächst. Sehr begehrt sind diese Ilexzweige zu Dekorationszwecken. Als Hecke sieht man diese Art nur selten. Aber ebenso wie beim Buchsbaum und anderen gibt es vom Ilex zweifarbige Sorten.

Lonicera pileata und *L. nitida* lassen sich beide gut zu geometrischen Formen schneiden, weil sie kleine Blätter haben. *L. pileata* erreicht eine Höhe von 1,40 m, *L. nitida* ohne Schnitt 60 cm. *Prunus laurocerasus* gibt es in diversen Ausführungen mit vielgestaltigem Blatt von rund bis zugespitzt. Allen gemeinsam ist, daß man sie gut in Form schneiden kann. Aber auch hier gilt, frühzeitig damit anzufangen. Außer *P. laurocerasus* ist mein persönlicher Favorit dieser Gattung *Prunus lusitanica* mit schmalem, länglichem Blatt. Auch dieser läßt sich gut formschneiden, geradezu ideal für mannshohe Formen jeglicher geometrischer Gestalt.

Außer diesen immergrünen Klassikern gibt es auch „wintergrüne" graue Strauchformen. Die Ölweide, *Elaeagnus ebbingei,* ist eine von denen, die immer wieder lange Triebe bildet, die man regelmäßig zurückschneiden muß, weil sonst die Schnittform in kurzer Zeit wieder verlorengeht. Leider wird diese Art manchmal von einem Virus

heimgesucht, wodurch unschöne, kahle Stellen entstehen, die dann erst allmählich wieder zuwachsen. Es ist eigentlich der einzig echte wintergrün-graue Strauch, der auch rauhem Klima standhält. Es gibt einige mehr oder weniger graublättrige Viburnum-Sorten wie *V. burkwoodii*, die eher weiß blüht, schon zu Beginn des Frühjahrs.
Es ist ratsam, gleich nach der Blüte mit dem Schnitt zu beginnen und dabei im Sommer die Jungtriebe einzuschneiden, denn das vitale, mehrjährige Holz muß stehenbleiben. Im Prinzip können alle Heckenstauden ganz nach Belieben gestaltet werden, wobei einige Sträucher häufig, andere dagegen seltener geschnitten werden müssen.

Wenn Buchsbaum in Töpfen steht, hat er keine großen Nährstoffreserven, also braucht er um so mehr Wasser und Dünger. In trockenen Perioden kann man sie in Untertöpfe aus Kunststoff oder Terrakotta stellen.

Heckensträucher mit grauem Blatt

Kurzwüchsig ist *Salix repens nitida* mit silbergrauem Blatt. Ebenfalls silbergrau im Blatt sind *Elaeagnus angustifolia* und *Pyrus salicifolia*. Die beiden letztgenannten wachsen zu hohen Sträuchern, die wenn sie mehrmals im Jahr rundgeschnitten werden, zu überraschenden, silberglänzenden Resultaten führen. Die Ölweide gehört nicht zu dieser Kategorie, da sie im Winter ihr Blatt behält, das zudem nur von unten silbergrau ist.

Heckensträucher mit grünem Blatt

Die Buche, *Fagus sylvatica*, ist im Sommer grün und behält im Winter ihr braungefärbtes Laub. Die Hainbuche, *Carpinus betulus*, steht schon früh im Jahr im zartgrünen Blatt. Im Winter wird sie teilweise kahl;

Architektur und Pflanzen gehören schon seit Ewigkeiten zusammen. Die Pflanzen müssen jedoch häufig geschnitten werden, damit das Zusammenspiel der Formen erhalten bleibt.

das restliche Laub färbt sich braun. Ebenso wie die Buche läßt sich die Hainbuche gut schneiden.

Maidorn, *Crataegus monogyna*, blüht weiß, treibt schon früh aus und trägt bis spät im Winter rosafarbene Beeren. Im Winterhalbjahr ist er kahl und gut geeignet für den Baumschnitt. So kann man aus allen Sträuchern, die als Hecke geeignet sind, auch kugelige Formen schneiden. Auch *Forsythien* lassen sich schneiden und blühen überdies noch. Wenn man es genau betrachtet, müssen sie sogar geschnitten werden. Sie gehören fast zu den ersten Frühlingsboten, werden aber nach der Blüte ziemlich unscheinbar. Sie können sie dann hinter nachfolgenden Blütensträuchern verschwinden lassen.

Zu den Strauchsorten, die nicht geschnitten werden, gehört der Holunder, der unten kaum kahl wird. Das gleiche gilt für *Buddleja*, den Schmetterlingsstrauch. Zu den geeigneten Pflanzen für die Schnittgestaltung zählen alle *Spiraea*-Stauden, die erfahrungsgemäß sogar zuwenig geschnitten werden. Das Blatt ist meist fein und zierlich im Vergleich zu *Ligustrum*, Buche und Ölweide. Manchmal sieht man auch eher unübliche Hecken, wie ich erst neulich wieder in einem Garten feststellen konnte. Es handelte sich um die feinblättrige *Stephanandra incisa* 'Crispa'. Die Pflanze wird 50 cm hoch und wirkt in einem Patio in Gruppen kugelförmig geschnitten oder als Solitär außergewöhnlich apart. Das Holz ist, auch im Winter, auffallend rot-braun.

Buchsbaum steht am liebsten in freier Erde. Wer solchermaßen kultivierte Bäumchen in Töpfen halten will, ist gut beraten, sie wöchentlich zu düngen.

Folgende Seiten: Die Mauern dieses Patios sind optimal bewachsen. Davor steht eine Kollektion von Kübelpflanzen in verschiedenen Farbtönen.

Fernöstliche Patiogärten

Erstaunlicherweise entstanden in zwei voneinander unabhängigen Teilen der Erde zwei völlig verschiedene, doch jede für sich faszinierende Gartenkulturen.

Auch im Fernen Osten ist es üblich, Gemüse und besondere Ziergewächse mit Mauern, Hecken und Zäunen zu umgeben als Schutz gegen Eindringlinge auf zwei oder vier Beinen. Doch hat man es dort verstanden, auch innerhalb der Umgrenzung durch die Formgebung und Material- und Pflanzenwahl eine harmonische Einheit mit der Natur, mit den Landschaften zu bilden. Da in der Natur kaum Symmetrie vorhanden ist, sondern gerade die Asymmetrie vorherrscht, findet man in fernöstlichen Gärten ebenfalls wenig gleichförmige Gestaltung. Es gibt zahllose Möglichkeiten, um den Eindruck der Asymmetrie entstehen zu lassen. Über dieses Thema sind bereits etliche Bücher erschienen. Speziell über alte chinesische Gärten und den daraus inspirierten japanischen, die sich in eine eigenständige Richtung, der „Zen-Gartenkultur", entwickelt haben. Auch die abstraktere Auseinandersetzung zwischen Formgebung und Symbolik wurde noch nicht im alten China, sondern erst in Japan vollzogen. Im Fernen Osten sind Innenhöfe oft als Garten angelegt, eine für Westeuropäer unversiegbare Quelle der Inspiration.

Aus Japan stammt die Wasserlilie; sie ist beliebt in Parks und Schloßgärten wie dem Meije-Park in Tokio.

Von einem Teehaus blickt man in diesen Wassergarten. Der Mond spiegelt sich in diesem Teich, während die Teezeremonie ausgeübt wird.

Chinesische Patios

In China wird der Bepflasterung der Höfe viel Aufmerksamkeit gewidmet. Graue Bodenfliesen werden mit Kieselsteinen kombiniert und sorgfältig in Schachbrettmuster verlegt. Oft sieht man auch gebogene Terrakotta-Ziegel, die von der Seite Dachschindeln ähnlich sehen. Eine einzelne zierliche Pflanze kann der Mauer an der sie steht einen bizar-

ren Akzent geben. Eine *Nandina domestica* zum Beispiel eignet sich dazu besonders gut mit ihrem tiefgrünen, zierlichen Blattwerk und ihren roten Beeren nach der weißen Blüte. Die Häuser, in denen man wohnt, haben die Form eines Pavillons und sind versehen mit viel rotgestrichenem Lattengitter. Bizarr geschnittene Bäume sieht man überall, wie beispielsweise *Camellia* auf Halbstamm. *Paeonia arborescens* ist sehr beliebt wegen seiner Frühlingsblüte.

In Irland entdeckte ich diesen illusionären chinesischen Garten, in dem derBonsai in farbenfrohen chinesischen Schalen steht.

Rasenflächen versucht man tunlichst zu vermeiden, die schmal angelegten Gehwege sind manchmal überdacht, um im Sommer im Schatten und bei Regen trocken wandeln zu können. Wer ein Gefühl für fernöstliche Formgebung besitzt, kann die vorgegebenen Ideen selbst in die Tat umsetzen. Vorsicht ist geboten bei allzu großzügiger Verwendung von Steinen, Teichen und einer falschen Pflanzenauswahl. Eine überfüllte Anlage kann leicht kitschig wirken, deshalb ist hier Zurückhaltung oberstes Gebot. Die Farben der Platten, Steine und Kiesel sollten matt sein, auf strahlendweißen Kies sollte besser verzichtet werden.

Rundliche Steine passen gut zu der entsprechenden Form von Camelie, Eibe, Ilex und Buchsbaum, wenn sie sich in den immergrünen Gewächsen wiederfindet. Das kann der Ausgangspunkt für die Einteilung ihres Patios sein. Als Solitär kommen Esdorn, *Magnolia cobus* und *Prunus* (in Strauchform oder als Baum) in Betracht. Immergrüne Exemplare mit bizarren Formen sind *Pinus cembra* oder auch *Cryptomeria*,

welcher sich zu einem mächtigen Baumriesen entwickeln kann. Nicht ganz so imposant, dafür aber auch als Strauch erhältlich ist *Cryptomeria japonica* 'Dacrydioides'. Eine gänzlich niedere Wuchsform ist *C. japonica* 'Globosa Nana', die sehr winterhart sind und eine runde, geschlossene Form haben.

Die Einfachheit japanischer Teegärten inspirierte mich bei dieser Wasseranlage. Die Abbildung zeigt eine runde Quadersteinplatte, aus deren Mitte Wasser kommt, das in den Teich fließt.

Die kugelförmigen Gewächse können Sie im Innenhof asymmetrisch anpflanzen und durch Schnitt kurz halten. Die eigenwillig geformten Äste des Pinus werden im Herbst zurückgeschnitten, so daß transparente, asymmetrische Formen entstehen.

Der Gartenteich

In vielen chinesischen Patiogärten von größerer Fläche findet man Teiche, um die bizarre Felsbrocken liegen. Ich persönlich fand sie etwas überladen für den westeuropäischen Geschmack, weshalb ich meistens einfachere Teichanlagen bevorzuge, jedoch niemals rechteckige. Kreisrunde Formen hingegen sind auch nicht zu empfehlen, da sie zu perfekt, zu gewollt aussehen. Meiner Meinung nach ist die Nieren- oder die S-Form am besten geeignet, hier und dort mit ein paar Steinen ergänzt. Gruppieren Sie die Steine im oberen Teil des Teiches, und plazieren Sie einen größeren Findling so, daß er von der Wohnung aus sichtbar ist. Rundgeschnittene Azaleen, um das Wasser gepflanzt, sehen sehr dekorativ aus, vor allem die kleinblättrige japanische Art. Üben Sie auch hier Zurückhaltung und wählen Sie nur eine Farbe in verschiedenen Dunkeltönen, die nacheinander blühen. Durch den

jährlichen Pflanzenschnitt halten Sie die Azaleen niedrig. Für das Pflaster der Gartenwege bieten sich Betonplatten in grau oder anthrazit an. Noch schöner sind Natursteine. Sämtliches Gestein im Garten sollte von neutraler, am besten grauer Farbe sein, die eine ruhige Atmosphäre schafft. Teichfolie, unter den Gehwegplatten verlegt, hemmt Unkrautwachstum. Für die Terrassen sind graue Natursteinziegel und kleinformatige Betonplatten angebracht.
Holzfliesen gehören nicht in einen chinesischen Garten. Ideal dagegen sind Pavillons mit Gitterwerk, vor einer Mauer in Teichnähe plaziert, oder zwischen Esdorn und Prunussträuchern.

Der japanische Garten

Der japanische Garten steht in starkem Kontrast zum chinesischen, hauptsächlich weil er ohne Teichanlagen auskommt und statt dessen Kies oder Schotter das Wasser symbolisieren. Das Anlegen ist im Prinzip einfach. Was nicht bepflanzt oder gepflastert wird, bekommt eine Teichfolie als Unterlage und wird mit Kies aufgefüllt. Sie können hierfür feinen weißen Kies oder sandfarbenen Schotter nehmen, der sich leichter in Form harken läßt.
In Japan verfährt man wie folgt: da ja der Kies die übertragene Bedeutung von Wasser haben soll, werden mit einer grobzinkigen, hölzernen Harke Rinnen und fließende Linien geformt. Einfacher Schotter erhält so seine Sinnbildfunktion. Diesen Effekt konnte ich immer wieder feststellen bei vielen Besuchen, die ich japanischen Gärten abstattete.

Der Nanzen-i-Tempel in Kyoto hat viele Gärten, die meisten davon werden von weißen Mauern umgeben. Hier der große erste Innenhof, wo an einer Seite geschnittene immergrüne Pflanzenformen mit Moos stehen, welches den Schotter überwuchern würde, würde es nicht täglich geharkt.

Wasserkunst im Garten

Wasser zeigt sich von seiner schönsten Seite in einem hügeligen Gelände, was Sie auch in Ihrem Garten erreichen können. Schütten Sie an einer Mauer oder einem geschlossenen Zaun gegenüber dem Wohnzimmer einen Wall auf in natürlicher, asymmetrischer Form. Unterhalb der Aufschüttung plazieren Sie einen ordentlichen Stein, über den Sie aus einem Rohr Wasser laufen lassen, das in einen Teich plätschert, in dem wieder eine Pumpe installiert ist. Als Wallbegrünung bieten sich hier kugelförmig geschnittener Buchsbaum, Azaleen und Taxus an. Von etwa halber Höhe aufwärts können japanischer Esdorn, *Camellia*- und Prunussträucher als luftige Vegetation dienen. Den Teichrand zieren japanische Irisse der Sorte *Iris kaempferi*. Auch andere, kurz und kugelig geschnittene Pflanzen, wie sie auf dem Hügel stehen, können Sie dazusetzen. Zu einem einzelnen Stein am Wasser passen am besten Farne.

Für einen ruhigen, harmonischen Gesamteindruck wählen Sie Steine in unauffälligen, matten Farbtönen wie Dunkelgrau oder Braun, denn sie sollen sich nicht herausheben, sondern einfügen. Auf einen Strauch, der in Japan viel Verwendung findet, möchte ich noch näher eingehen: den *Ilex crenata*. Wer am Schneiden Gefallen findet, kommt hier sicher auf seine Kosten, wenn er Baumkronen entstehen läßt, die an Wolken erinnern. Schaffen Sie sich also einen *Ilex crenata*-Strauch an mit mehreren Verästelungen. Zwei bis drei Zweige werden freigeschnitten und an Bambusstöcken asymmetrisch emporgeleitet. Haben

Rund um die Häuser hat man Holzveranden. Holz wird auch für große Terrassen verwendet, die an den Teichen liegen.

Diese Ecke mutet japanisch an durch den transparenten Charakter der Gräser.

Sie aber etwas Geduld, denn der Ilex wächst nicht so schnell. Wenn eine gewisse Größe erreicht ist, lassen sie sich fächerförmig verästeln. Auf jedem dieser Zweige thront durch den Schnitt eine wolkenähnliche Baumkrone. Diese sollten auf verschiedenen Höhen sein und einander nicht berühren. Nachdem so die erste Wipfelformation entstanden ist, lassen Sie die drei Hauptzweige ein Stück weiterwachsen und wiederholen diese Prozedur. Wichtig dabei ist die Asymmetrie. Das gleiche läßt sich mit Koniferen und Taxus realisieren. Auch andere Ilexarten sowie *Osmanthus* lassen sich leicht in die gewünschte Form bringen. Baum- und Strauchsorten, die sich im Herbst verfärben wie der japanische Esdorn, sollten Sie außer acht lassen, denn bunte Blätter passen nicht sehr gut in eine solche Gartenanlage.

Japanische Terrassen

In den Patio passen graue Natursteinplatten. Sollten diese vielleicht zu kostspielig sein, weichen Sie auf dunkelgraue Betonplatten aus. Ich nehme dafür sogar meistens schwarzgebeizte Holzfliesen, die über den Pflanzen oder dem Kies „schweben“, weil man in Japan in einer Hausveranda oder einem Tempel vor dem Garten auch auf einem Holzboden sitzt. Weil es in Japan viel regnet, werden überdachte Terrassen oft mit Steinfliesen anstatt mit Holz bedeckt. Diese Lösung ist zwar nichts für Puristen, dafür jedoch praxistauglicher – außerdem haben auch im Ursprungsland Neuerungen Platz, bei aller Liebe zur Tradition.

Japanische Lauben und Veranden

Für eine dänische Firma gestaltete ich einmal einen japanischen Patiogarten. Ich ließ einen Teich anlegen und einige Holzterrassen für das Personal, damit sie die Pausen in der Sonne genießen könnten. Für die Gäste des Betriebes wurde speziell eine japanische Laube angefertigt, die etwas erhöht lag, um den Holzfußboden von unten trocken zu halten. Die Dächer dieser Teehäuser sind so weit heruntergezogen, daß die Sonne den mit Schiebetüren begrenzten mittleren Teil des Raumes nicht erreicht. Auch der Regen kann, selbst bei geöffneten Türen, nicht eindringen.

Die Schiebetüren sind eine Gitterkonstruktion, die mit Papier beklebt sind. Diese Bauart würde dem Wetter in Nordeuropa nicht lange standhalten. Aus diesem Grunde ließ ich an der Außenseite der Schiebetüren Glas im Gitterwerk einsetzen. Der Innenraum wurde ausgelegt mit einer Tatami-Matte, auf der man geht oder auch sitzt. Diese Matten werden aus dünnen Reishalmen geflochten und in vielen feinen Schichten aufeinandergelegt, so daß sie etwas federn. Traditionell wird hier der Tee oder Sake serviert, denn üblicherweise gehört die Auswahl auf diese beiden Getränke begrenzt zu bleiben. Auch die hohe Kunst des Ikebana wird hier demonstriert. Das Dach des Teehauses ließ ich mit schwarzen Schindeln decken. Die Stufen zur höhergelegenen Veranda vor dem zentralen, mittleren Teil des Raumes waren aus schwarzem Granit. Das Ganze ist eine reizvolle Anlage geworden und erfreut sich einer großen Beliebtheit.

Die strengen Linien japanischer Häuser beeinflußten mich bei der Formgebung dieser Pergola; auch der asymmetrische Wassergarten hat japanische Vorbilder. Konsequenterweise ist der Boden auch aus Holz.

Wer dieses Abenteuer in seinem eigenen Patio verwirklichen möchte, sollte vorher unbedingt einige Bücher zu diesem Thema lesen und dabei auch eingehend die Fotos studieren. Informieren Sie sich sorgfältig, bevor Sie etwas kreieren und vielleicht kein gutes Resultat erzielen. Sonst begnügen Sie sich lieber mit einer Pergola.

Trittsteine bestehen in Japan aus ungleichmäßig geformtem Naturstein und sind meistens so gewählt, daß sie typisch für die Gegend sind, in der der Garten liegt.

Links: In den Bergen um Kyoto sind viele Tempel Stätten der Meditation. Hier ein Innenhof mit einem Brunnen, der gegen Verschmutzung abgedeckt wird, und einem Wasserstein, aus dem man mit einem Napf Wasser schöpft, um Hände und Gesicht zu waschen.

Eine Pergola im japanischen Stil

Die meisten Pergolen, die ich in Japan sah, bestanden aus braunen Palisaden, die Träger ebenso. Darauf ruhten Bambuslatten und -rohre, pro Lage rechtwinklig mit schwarzem Sisal aufeinandergebunden. Der westeuropäische Heimwerker nimmt dafür imprägnierte Rundhölzer oder Vierkantpfähle (Größe 8 x 8 cm) als Stützen. Auf denen liegt der Aufsatz aus Bambus mit nicht zu geringem Durchmesser. Gedeckt wird das Dach mit grobem Ried, welches ebenfalls mit schwarzem Sisal befestigt werden sollte. Ich nehme dazu immer erst Kupferdraht und umwickle es erst dann mit Sisal.
Der Grundgedanke ist die für uns vielleicht fremd anmutende Einstellung, dem Holz keinen Schaden zuzufügen mit Schrauben oder Nägeln. Nach dem traditionellen Glauben kann die Seele der Ahnen in einem Baum wiederauferstehen. Als Gewächs für diese Pergola empfiehlt sich Blau- oder Weißregen.

Eine überdachte Pergola

Auf ein Gerüst von Trägern und Querbalken wird ein Dach aus Leimholz und Teerpappe aufgesetzt; anschließend kommt auf die Teerpap-

Es lohnt, daß man sich über die Art des Pflasters Gedanken macht. Auf dem Bild eine ruhegebende Bepflasterung, verlegt im Schachbrettmuster. Die Fächerunterteilung erfolgt durch Natursteine.

pe eine Lage Kies oder Schotter, die gehalten wird von einer etwas überstehenden Schicht Bambus. So bekommt das Ganze ein gefälliges Aussehen.

Ein japanisches Dach

In Japan gibt es in fast jedem Garten Torbögen oder Dächer, unter denen man sonnen- oder regengeschützt sitzen kann. Man findet in besonderem Maße überdachte Hauseingänge vor, wobei die Konstruktion in der Regel aus Holz und manchmal aus Bambus besteht. Die Dächer tragen Schindeln aus Holz, die sehr bald bemoost sind, wodurch das Dach eine natürliche grüngraue Farbe bekommt. Als Regenrinne dient ein Bambusrohr. Ganz bewußt läßt man manchmal herabgefallene Bätter zur Verrottung in der Dachrinne liegen und pflanzt dort Farne und andere anspruchslose Gewächse ein in der Absicht, dem Dach alsbald ein altes und verwittertes Aussehen zu verleihen.

In den Niederlanden sah ich einmal auf einem Privatgrundstück ein solches Dach, welches mit Holzdachpfannen gedeckt war. Es sah prachtvoll aus. Man muß sich das folgendermaßen vorstellen: eine Wand mit einer Holzterrasse davor, von wo aus man auf einen japanischen Teich blickt. Das Terrassendach läuft etwas giebelförmig zu. Auf der Holzrahmenkostruktion des Innendachs sind die Dachpfannen befestigt. Ein Ort, der einfachen Charme ausstrahlt.

Moosteppiche als Patioboden

Diesen Wassergarten legte ich auf einer Viehweide an, die zum Garten umfunktioniert werden sollte. Man betritt die Brücke, die leicht erhöht ist, über eine Stufe. Sie gibt der Anlage ein Relief und eine offenere Optik, da man unter ihr durchsehen kann.

Als letzten japanisch orientierten Vorschlag für Ihren Patio möchte ich Ihnen den Moosboden empfehlen. Für uns sind Moose eigentlich eine zwiespältige Angelegenheit. Wünscht man eine Begrünung mit Moos im Garten, ist es zu sonnig und trocken. Auf der anderen Seite bekämpft man es, wenn es zwischen Pflanzen und im Rasen wächst. Doch aus dieser Tatsache können wir etwas lernen: Moose lieben zugewachsene, schattige Plätze, bevorzugt unter Bäumen, denn die dicken Wassertropfen, die hoch aus dem Baum fallen, versiegeln durch ihren harten Aufprall die Erde. Es gelangt kaum noch Sauerstoff in den Boden, und die Moose können sich gut entwickeln.

Möchten Sie also, daß in Ihrem Garten Moos wächst, sorgen Sie für eine sandige obere Erdschicht und bedecken diese mit kleinen Moosstücken. Darüber streuen Sie Flußsand, welcher unkrautfrei ist. Das Ganze, etwas angedrückt, muß nun feuchtgehalten werden. Als Schattenspender pflanzen Sie in den Teil des Gartens hochgetrimmten *Acer palmatum*, einen feinblättrigen Dornenstrauch, und den rosablühenden Prunus, ebenfalls mit kleinen Blättern. Das Moos sollte mit einer leichten Plastikharke vorsichtig von Blättern befreit werden. Wenn es gelingt, und das wird es bei ausreichend Schatten und Feuchtigkeitszufuhr mit Sicherheit, haben Sie einen herrlichen Moosboden, der durch einen einzelnen Stein als Akzent komplettiert wird. Einige kugelig geschnittene Buxus- oder Azaleeformen kommen in dieser Szenerie ebenfalls voll zur Geltung.

Ziergräser, Bambus und Bodendecker

Bambus und Ziergräser stehen auf der Beliebtheitsskala noch nicht so weit oben, wie es diesen Pflanzen eigentlich zusteht, denn auch im trüben Winter sind sie eine Zierde.

Rechts steht der Blut-Weiderich (Latyrus salicaria)*, der in unseren Breiten beheimatet ist; links vorne der grüngelbe Bambus, eine niedrige Sorte.*

Eines der Ziergräser, das in Mitteleuropa heimisch ist und auf Sandverwehungen wächst, ist die *Festuca glauca*. Es ist eine niedrige Wuchsform und verträgt viel Trockenheit. Höher wird dagegen *Helictotrichon sempervirens* oder auch Blaustrahlhafer, der 30 bis 40 cm hohe Grashalme entwickelt, aus denen lange Stengel mit weizenähnlichen Samen bogenförmig emporwachsen. Zu erwähnen ist auch der *Elymus arenarius*, besser bekannt unter einem Namen, der gleichzeitig den bevorzugten Standort verrät: Strandhafer. Aus seiner Pflanzengattung ist dieses gemeine Dünengras vom Wuchs her gesehen sicherlich das unbändigste.

Grüne Ziergräser

Die Artenvielfalt dieser grünen Ziergräser umfaßt hoch- und kurzwüchsige, buschige und zarte, dünne Wuchsformen. Manche Sorten blühen sogar, aber generell bilden alle Gräser Samen aus, um sich fortpflanzen zu können. Manche blühenden Sorten sind sehr auffallend, andere eher unscheinbar. Zu den imposanten Vertretern dieser Gattung gehört z. B. *Stipa gigantea*, das bis zu zwei Meter hoch werden kann und bronzefarbene Blütenstände auf dünnen, aber starken Stengeln trägt, die Wind und Sturm standhalten. Viel buschiger dagegen ist Silberährengras, das vom Hochsommer bis in den Spätherbst mit leichten sich beugenden Halmen blüht. Ein anderes grünes Ziergras ist *Pennisetum compressum*, welches breite runde Ähren bildet, aus denen im Sommer besonders aparte, haarige Halme wachsen. Das Gras er-

Runde Pflanzen und Blätter harmonieren mit Wasser. Als Ergänzung kommen nur einige aufstrebende Sorten dazu, z. B. Typha*, das hier rund um das Wasser gepflanzt ist, und* Scirpus*, das es in vielen Formen gibt. Rundliche Gruppen bildet* Pontederia*, trotz seiner länglichen Blätter (Bildvordergrund).*

weckt den Anschein, als ob es eine galante Verbeugung macht. Im Winter verfärbt es sich goldgelb. *Festuca*, ein schwingendes Gras, ist Bestandteil unserer heimischen Wiesen und Weiden. *Festuca alpina* zeichnet sich durch ein feines grünes Blattwerk aus. *F. scoparia* wächst in wintergrünen Polstern, *F. tenuigolia* ist zartgrün und behält die kurze Wuchsform bei. *Melica uniflor*a ähnelt dem Zittergras. Das Blatt ist breit, lang und hat die Form einer Lanzette. Ihren Zierwert verkörpert vor allem der Blütenstengel mit hintereinander angebrachten Blütenköpfen, die aussehen wie Regentropfen, die an den Stengeln nach unten gleiten. Im niederländischen Amstelveen befindet sich ein herrlicher Park mit dem Namen „Thyssepark“. Dort ist auf einem Hügel unter Birken *Melica uniflora* angepflanzt. Der Anblick ist einfach atemberaubend in seiner Feinheit und Zartheit. Wer in seinem Garten auf Ruhe und Ausgeglichenheit Wert legt, pflanzt dieses Gras flußähnlich mit Ufern aus Kies oder Kopfsteinpflaster. Die von mir am meisten verwendete Grassorte gehört zur Familie der Miscanthus. Diese bis zu drei Meter hoch werdende Variante *M. sinsensis* 'Giganteus', Chinaschilf, ist in einer Ecke des Gartens an der Mauer eine wilde, phänomenale Erscheinung, ein kräftiger Grasriese, der sich gern ausbreitet. Es bereitet einige Schwierigkeiten, diese Wachstumsfreude des sehr harten Wurzelwerks in Zaum zu halten. Deshalb ist es ratsam, die Ausbreitung mit Beton oder Bordsteinen einzudämmen, es sei denn, Sie haben genügend Platz im Garten. Und noch ein Tip für die Herbstzeit: entfernen Sie die Blätter, sobald die unteren gelb werden. Dadurch vermeiden Sie eine Menge Unrat. Eine andere Ausprägung der Pflanzenfamilie *Miscanthus* ist *M. sinensis* 'Silberfeder'. Es wird nicht ganz so groß wie *M.* 'Giganteus' und verdankt seinen Namen nicht nur den schönen Federblüten, die es produziert, sondern auch dem auffällig gezeichneten Blatt, in dessen Mitte längs ein silberner Streifen verläuft.

Meine Lieblingssorte ist *M. sinensis* 'Gracillimus', die auf hohen Stengeln zierliche Blattschirme bilden, unter denen noch Platz für andere Pflanzen ist. Im Winter verfärbt sich dieses Gras goldgelb. Ein anderes Mitglied dieser Familie ist *M. sinensis* 'Strictus', aufstrebend in der Wuchsform und gelbgestreift. So gibt es noch unendlich viele Varianten dieser interessanten Gattung.

Gelbblättrige Gräser

Cortaderia selloana 'Goldband', Pampasgras, wird ca. 50 cm hoch und hat zierlich gebogene lange Blätter, die am Rand gelbgezeichnet sind. *Glyceria maxima* 'Variegata' hat gelbgrüngestreifte Blätter. *Hakonechloa macra* 'Aureola' ist gelb, länglich und etwas hängend, optimal kombiniert mit blauen Farbtönen mehrjähriger Pflanzen wie der blaublättrigen Funkie oder des Salbeis. *Milium effusum* ist ein goldgelbes Gras ohne Zeichnung, zumindest wenn Sie die Sorte 'Aureum' betrachten. Die hellen Grashalme heben sich zwar nicht sehr hervor, sind aber trotzdem eine Bereicherung für Ihren Garten.

Der violettfarbene Geranium psilostemon *(Storchenschnabel) kombiniert hervorragend mit Beifuß,* Artemisia ludoviciana. *Niedrigere Bodendecker sind* Geranium sanguineum *und* Artemisia schmidtiana *'Nana'.*

Bonsai ist eine verfeinerte, kultivierte Form der Pflanzenzucht. Manche Sorten können sogar im Winter an kühlen Orten stehen, andere brauchen in der kalten Periode Zimmertemperatur; im Sommer stehen sie wieder draußen auf Tischen ausgestellt.

Silbergestreifte Gräser

Das längliche Blatt des *Phalaris arundinacea* ist mehrfach weiß gestreift, speziell bei der Sorte 'Feesey's Form'. Sie ist sehr buschig im Wuchs, im Gegensatz zu *Molinia caerulea* 'Variegata', einer eher zierlichen, fächerartigen Variante. Diese silbrigen Ziergräser, ebenso wie die goldfarbenen, pflanze ich persönlich nur selten an, weil sie in der Anpflanzung leicht künstlich wirken können. In einer dunklen Ecke kann indes diese ins Auge springende Spezies Abwechslung bringen in das alles überherrschende Grün.

Auch in der robusten *Miscanthus*-Gattung gibt es eine silberfarbene Sorte: der zierliche *M. sinensis* 'Variegatus'. Die Pflanze erreicht eine Höhe von etwa 1,20 m und hat lange, gleichmäßig schmale Blätter.

Rückschnitt von Ziergräsern

Gräser von zierlichem Wuchs mit dünnen, langen Halmen und elegant gebogenen Blättern passen gut in eine Umgebung von Rosen und anderen Blütenpflanzen. Beliebt ist die Kombination von Rosen und *Helicotrichon sempervirens* mit seinen blauen Blättern und Halmen. Ich gebrauche *Miscanthus sinensis* 'Gracillimus' als Solitär zwischen niedrigen und mittelgroßen Zierpflanzen, aber auch zwischen Bodendeckern wie *Pachysandra, Vinca* und *Euonymus f.* 'Carrierei' ist es eine Zierde. Kurze Ziergräser entfalten ihre Wirkung nicht nur als Einzelstaude zwischen niedrigen Gewächsen, sondern sind auch als größere Anpflanzung bestens geeignet.

Efeu läßt sich gut zu einer Hecke formen, entweder indem er über mehrere Jahre geschnitten, oder auf einen Wall mit Drahtgeflecht oder auf einen Bohlenrand gepflanzt wird.

Ein Patio voller Ziergräser

Wer Spaß daran hat, der kann auch außergewöhnliche Ideen verwirklichen. Ausgangspunkt ist ein ganz gewöhnlicher kurzgemähter Rasen. Dazu kommt eine stufenförmige Anlage der Gräser, wobei die niedrigsten Grasrabatten vorn stehen. Dahinter werden die mittleren Sorten plaziert, die wie Keile herausragen. Die Anlage wird nach hinten durch hohe Ziergräser komplettiert. Immergrüne Sorten bringen auch im kahlen Winter frische Farbe in den Garten. Für den niedrigen Abschnitt bietet sich hier *Luzula Sylvatica* an, für die höhere Etage *Festuca scoparia* sowie Bambus.

Bambus, das exotische Gewächs

In asiatischen Ländern wächst viel Bambus in der Natur. Es ist eine nicht leicht zu bändigende Pflanze, ist aber in vielen Ländern in Form der Bambussprossen hochgeschätzt als Nahrungsmittel, als Baumaterial (Wände, Träger, Regenrinnen usw.) sowie als Material für Matten, Flechtwerk, für allerlei Küchengeräte und andere Gebrauchsgegenstände. Die Pflanze ist zudem enorm vielfältig in ihren Erscheinungsformen. Allgemein läßt sich feststellen, daß die Blattform fast immer länglich ist und die Stengel eher dünn ausgeprägt sind, wobei auch dickes Bambusrohr noch eine häufige Erscheinungsform bildet.

In Nordeuropa kommen die dicken Stengel des Bambus praktisch nicht vor. Hier sind eher die winterharten Sorten vertreten, was sicher bedauerlich ist für jemanden, der auch die anderen Varianten schätzt. Meine favorisierten Bambusarten sind jene, die sich als winterhart her-

Die große Ziergrasanhäufung besteht aus der Züchtung 'Silberfeder' des Chinaschilfs, das im Herbst feine silbrige Rispen bildet.

Gegenüberliegende Seite: In der Bildmitte das runde grüne Ziergras Pennisetum alopecuroides. *Es verfärbt sich im Herbst goldgelb, dann braun, und wird im Frühjahr abgeschnitten. Es trägt dekorative, mauvegrünbraune Pflaumen, die den eigentlichen Zierwert ausmachen.*

ausgestellt haben. Als erstes genannt sei hier die Gattung *Sinarundinaria* (bzw. *Fargesia*): ein zuverlässiges, nicht verwilderndes Gewächs, das aber gern in die Breite geht. Es gibt zwei Arten, die einander zum Verwechseln ähnlich sind. Beide haben zierliches, zartgrünes Blattwerk und sind nicht gänzlich wintergrün. In Gärten, in denen der Wind freien Zugriff hat, verlieren sie sogar ihr gesamtes Blattwerk; in windgeschützten Patios bleiben sie zur Hälfte belaubt. Im Frühling, genauer im Mai, sprießt dann wieder das frische zarte Grün. Günstig ist, daß die Staude keine seitlichen Triebe ausbildet, wodurch sie im Patio als Solitärpflanze gut geeignet ist. Es gibt zwei Arten: *S. murielae*, mit zierlich gebogenen Stengeln und *S. nitida*, die mehr aufrecht wächst. Unbezähmbar zwar, aber möglicherweise noch dekorativer ist *Phyllostachys*. Diese Art wächst sehr gerade und verzweigt sich nach oben hin stark. Es gibt gelbe und schwarzstämmige Varianten: *P. aurea* beziehungsweise *P. nigra*. Die Wurzeltriebe wachsen unterirdisch erst ein Stück seitwärts, bevor sie herauskommen. Schön ist diese Pflanze in großen Patiogärten, wird aber auch dort leicht zu üppig. Ich setze sie deshalb meistens in eine Plastiktonne, die am Boden mit Löchern versehen ist, was die Wachstums- und Ausbreitungsmöglichkeiten einschränkt. *Pleioblastus* ist der Name einer sehr artenreichen Bambusgattung. Einer ihrer farbig-goldenen Vertreter paßt gut zu Frauenmantel, gelbem *Sedum kamtschaticum* und *Hypericum* und zählt mit einem Meter Wuchshöhe eher zu den kleineren seiner Art. Auch *P.*

variegatus, mit auffälligem, weißgestreiftem Blatt ist niederwüchsig. *P. humilis pumilus* ist eine buschig wachsende, grünblättrige Art, die etwa einen Meter hoch wird, *P. pygmaeus* dagegen erreicht nur 20 cm Höhe. Der Bambus, den wir aus heimischen Parks und Gärten seit langem kennen, ist die Sorte *Pseudosasa japonica*. Als die Pflanze zu blühen begann, bedeutete das gleichzeitig ihr Ende. Speziell in Burma war das eine Katastrophe für die dort lebenden Pandabären, die sich von den jungen Bambussprossen ernähren. Man brachte die Bären mit Flugzeugen und Hubschraubern an andere, für sie sicherere Orte. Aber nicht nur in diesem unzugänglichen asiatischen Land blühte plötzlich *Pseudosasa*, sondern gleichzeitig auf der ganzen Welt, weil überall in den Gärten Bambus als immergrünes Ziergras angepflanzt wurde. Die Blüte läutete also das Ende der Pflanze ein, und der Schaden in den vielen Gärten, wo sie zu einem unentbehrlichen Bestandteil geworden waren war immens. Nun sind Sie gewarnt, obwohl die Blüte nach Meinung von Experten statistisch nur einmal in 80 Jahren vorkommt. Wenn dem so ist, dann kann man eine gesunde *Pseudosasa* pflanzen.

Sasa veitchii wird 1,20 m hoch und hat breite Blätter, die außen einen hellen Rand bekommen. Der leicht verdorrt wirkende Rand, der dennoch dekorativ ist, entsteht dadurch, daß ihm *Chlorophyll* entzogen wird. Der Nachteil dieser Pflanze ist ihre Neigung, sich mit langen Wurzeltrieben unterirdisch auszubreiten. Sie sollte deshalb im Garten ein eigenes, allseits geschlossenes Pflanzloch bekommen.

Als Gegengewicht zur großen, flachen Wasserfläche haben die Wasserpflanzen aufstrebende Formen. Scirpus *blüht an der Oberseite braun;* Typha angustifolia *ist mit seinen langen grünen, etwas herunterhängenden Blättern als Zuchtform in kleinen Gärten weit öfter anzutreffen als die wilde Form* Typha latifolia.

Anlagen mit Bambus

Auf dem Foto, aufgenommen in Japan, stehen aufrechte Gräser in einem Bett von flachem, samtigem Moos. Es sind für diesen Zweck viele Formen gebräuchlich wie Stipa und Juncus.

Wenn ich einen Garten gestalte, der zu einem modernen Gebäude gehört, integriere ich fast immer einen Bambus. Eine unscheinbare Haus- oder Gartenmauer wird belebt, wenn man eine Bambusstaude davorpflanzt. Durch eine zusätzliche Staude, davor rechts oder links versetzt, entsteht Räumlichkeit. Auch an einem Fenster ist Bambus sehr ansehnlich; die im Blick hängenden Zweige umrahmen nett die Aussicht. Am Wasser zeigt sich Bambus ebenfalls als eine passende Ergänzung. Vor allen Dingen, wenn der Sommer sich verabschiedet und der Höhepunkt der Farbenpracht im Garten längst überschritten ist, kommt der Bambus gut zu seinem Recht. Wer straffe, gerade Linien mag, pflanzt den Bambus in einer Reihe an, mit oder ohne Zwischenräume. Eine andere Möglichkeit ist, die Stauden rechtwinklig zu setzen, damit sich die Geometrie von Haus- und Patiomauern hier wiederholt. Die Variationsmöglichkeiten mit dieser vielseitigen Pflanze sind schier endlos. Die niedrigen sind am besten unter einem Baum oder hohen Strauch aufgehoben. Wenn sich der Bambus zu stark vermehrt, dünnen Sie die Pflanzen etwas aus. Eine andere Lösung ist, durch Schnitt abgerundete Formen zu kreieren, indem die zarten, jungen Schößlinge gekürzt werden. Es läßt sich aber auch eine schlanke, federförmige Buschform herstellen. In dem Falle muß direkt über dem Boden ausgedünnt werden. In Dänemark sah ich Bambus häufig als Hecke verwendet, wofür sich die Sorte *Sinarundinaria* gut eignet; alles weitere ist nur eine Frage des richtigen Schnittes.

In Rotterdam entwarf ich diesen Stadtgarten mit großen Holzfliesen, einer Treppe, einem Teich und üppiger Bepflanzung: diese Sinarundinaria (Fargesia) murielae *ist zu einem luftigen Busch ausgewachsen.*

Der „Cottage Garden“

Wie der Name schon sagt: der Cottagegarten ist der Gipfel ländlicher Gartenkultur, die wir von englischen Gärtnern übernommen haben. Diese Gartenform ist einfach ideal für den Hobbygärtner, der seine Vorstellungen verwirklichen will, ohne sich an allerlei Regeln zu halten.

Die Besitzerin dieses Gartens, den ich für sie gestaltete, fügt immer wieder neue Pflanzen zu den Beeten. Ein Beispiel für die althergebrachte, aus den Bauerngärten entstandene Beetkultur.

Ein Cottagegarten ist nicht ganz mit einem Bauerngarten zu vergleichen. Doch man sieht noch oft bei alten Bauernhöfen lieblich-altmodische Blumen und Pflanzenarrangements, die in den „zivilisierten“ Stadt- und Villengärten nicht mehr vorkommen.

Bauerngärten sind oft wahre Fundgruben für Gewächse, die aus der Mode gekommen sind. Daß die Farbkombinationen nicht immer dem heutigen Stand entsprechen, macht gerade den besonderen Charme aus. Auch in englischen Cottagegärten findet man die etwas bäuerlichen Anordnungen, aber oft mit mehr Gespür für die richtigen Farben. Der Unterschied wird durch den jeweiligen Gebrauch bestimmt. „Cottages“ waren Wohnungen für Landarbeiter, kleine Selbständige, ältere Ehepaare und Alleinstehende. Für sie alle war so ein Cottage die ideale Wohnstätte: klein, gemütlich und leicht zu beheizen. Die strohgedeckten Häuschen machten einen äußerst behaglichen Eindruck. Auch heute wohnen auf diesen kleinen Landsitzen wieder Rentner, alleinstehende Damen und Herren und kleine Selbständige. Sogar Wohlhabende halten sich teilweise lieber in einer solch behaglichen Behausung auf als in einem riesigen, nur schwer zu heizenden Landsitz.

Die kleinen Gärten sind reichlich gefüllt mit schon lange vorhandenen alten Pflanzen. In England liebt man diese Aufbewahrungsorte alter

Die Hortensie ist eine richtige „Bauernpflanze", zumindest war sie es bis vor ein paar Jahrzehnten, aber heute hat sie auch die Ziergärten erobert. Die auf dem Foto abgebildete Sorte heißt Hydrangea macrophylla.

bäuerlicher Gartenkultur. Man findet neben altmodischen Stockrosen, *Phlox* und Margeriten auch Gemüsebeete. Wenn Sie romantischer Gartenfreund sind, legen Sie sich in ihrem Patio doch so einen buntgemischten Cottage- oder Bauerngarten an. Vergessen Sie nicht: in einem echten Cottagegarten wird nicht nach Farben selektiert. Wer mag, legt Beete an für Gemüse und Kräuter mit oder ohne die kleinen Hecken drumherum. Doch Gemüseanbau im Patiogarten ist nicht jedermanns Sache, und die Rosenzucht ist ein Hobby, das viel Aufmerksamkeit verlangt. Sie können die Rosen mit anderen schönen Schnittblumen mischen. In meiner Jugend hatten wir zu Hause zwei lange, gut gedüngte Beete mit Schnittblumen, aus denen man prachtvolle Sträuße binden konnte.

Es ist übrigens gar keine schlechte Idee, aus Ihrem Patio gleichzeitig einen Cottagegarten und einen bunten Blumengarten zum Pflücken zu machen. Wählen Sie die Pflanzen nach ihrer Blütezeit, so daß möglichst viele Sorten nacheinander blühen. Dann können Sie sich auch in der Wohnung lange an den Blumen erfreuen, wenn Sie die Pracht in einem verregneten Sommer nicht draußen genießen können.

Den Auftakt bilden im Jahresverlauf die früh blühenden Blumenzwiebeln, den Abschluß beispielsweise späte Dahliensorten. Auch bei Rosen und Stauden bietet der Handel eine gute Auswahl an verschiedenen Blüteperioden.

Pflanzen Sie Ihre Lieblingsfarben in großer Menge an Grasflächen oder an Steinterrassen und Pflasterwege. Die Blumenfächer sollten gut gefüllt werden und nicht zu gestaltet aussehen. Hier blühen in kräftig-violetten Farben: Phlox, Geranium psilostemon *und* Erigeron *'Dunkelste Aller'.*

Das Reich der Polyantharosen

Alle ihre Sorten stammen von chinesischen und Multiflorarosen ab. Sie blühen unermüdlich, sind genügsam und in ihrer Verwendung sehr vielseitig.

Die doppelten, dunkelgrünen Eisenbögen im Freiluftmuseum l'Hay-des-Roses bei Paris werden aus Flachstahl und Draht hergestellt und eignen sich vorzüglich für Kletterrosen. Die Bögen gibt es sowohl rund als auch rechteckig.

Rosa 'Marie Pavoc' hat ganz entzückende weiße Rosenblüten. Sie sind leicht gekräuselt und wirken dadurch fast doppelt blühend und verspielt. Sie verbreiten einen angenehmen Duft. *Rosa* 'Little White Pet' ist eine fabelhafte Kletterrose mit etwas kokardenhaften weißen Blüten. Die Franzosen nennen sie *Rosa* 'Félicité et Perpetué'; sie duftet nur schwach. *Rosa* 'Mevrouw Nathalie Nijpels' ist als Bodendecker im geschlossenen Patio gut geeignet. An eine Terrasse gepflanzt, sind die in Bündeln wachsenden, kräftig rosafarbenen Blüten eine Augenweide.

Rosa 'The Fairy', eine vielverwendete Sorte, ist eine Mutation der hauptsächlich als Trauerrose gezüchteten *R.* 'Dorothy Perkins'. Die kleinen, rosafarbenen Blüten hängen trossenförmig auseinander, aus ihnen kommen immer wieder neue Triebe zum Vorschein, nachdem die alten verblüht sind; sie sind ideal für eine sonnige Böschung oder für den pflegeleichten Garten zusammen mit Lavendel.

Eine völlig andere, sehr aparte Variante ist die *Rosa* 'Guinée'. Ihre Blüten sind bordeauxrot, groß und verströmen einen betörenden Duft: nach meinem Empfinden eine der am intensivsten duftenden Rosensorten, die es gibt. Das Herz der Blüte ist samtig und dunkel.

Rosa 'Viridiflora', eine andere Polyantha-Schönheit, macht sich sehr gut in Blumengestecken zwischen zartgrünen Farbtönen und ist eine dankbare Schnittrose, da sich mehrfach neue Blütentriebe ausbilden.

Rosa 'Yvonne Barbier' ist eine Sorte, die in dichten Bündeln wächst und helle, elfenbeinfarbene Blüten hat.

Teehybriden

Mancher Gartenfreund wird sich vielleicht einige auffallende Akzente in einem Wirrwarr von kleineren Blumen wünschen. Das läßt sich erreichen mit den großblumigen Teehybriden. Diese sind entstanden, nachdem Teerosen aus China (die 1809 in England eingeführt wurden) mit heimischen Arten gekreuzt wurden. Die bekannteste Art ist *Rosa* 'Peace', welche überall auf der Welt vorkommt. 'Friede' ist ein guter Name, und bezeichnenderweise wird ein Rosenweg im Garten Winston Churchills im südenglischen Chartwell von dieser Sorte gesäumt. Einige andere ungewöhnliche Sorten sind *Rosa* 'Apricot Nectar' mit apricotfarbenen Blumen und langanhaltender Blüte sowie *Rosa* 'Dainty Bess', die sich weit öffnet, wobei rote Staubblätter sichtbar werden: eine Pflanze mit blaßrosa Blütenblättern, die nicht im Schatten stehen sollte.

Rosa 'Queen Margaret' ist eine neue Züchtung, die üppig rosa blüht. Eine ebenfalls beliebte weiße Rose ist *Rosa* 'Schneewittchen', die geradezu überschwenglich blüht, und, so scheint es, nicht von Schädlingen befallen wird. Den ganzen Sommer über, bis in den späten Herbst treiben immer wieder neue Blüten. Der Schnitt kann in jeder gewünschten Form erfolgen. Auch als Stammrose wird diese Sorte gezüchtet und bietet während der Blüte einen überwältigenden Anblick. Schön ist auch die Kombination mit Lavendel und graublättriger *Artemisia*. *Rosa* 'White Wings' ist einfachblühend mit purpurroten Staubblättern und stellt sich als eine zarte, zerbrechlich wirkende Erscheinung dar. Sie ist

Die Gestelle aus Holz oder Eisen müssen sehr stabil gefertigt sein, um das Gewicht der reichblühenden und schweren Rosen tragen zu können. Achten Sie beim Schnitt darauf, daß nicht die jungen Knospen in Mitleidenschaft gezogen werden. In meinem Garten stehen Rosa *'Mozart' und* Hosta sieboldiana *'Elegans' sowie Buchsbaum in Kugel- und Heckenform.*

Die spanischen Könige verfügen über ein herrliches Schloß als Sommersitz in Aranjuez mit einem sonnendurchfluteten Innenhof.

nicht geeignet für problematische Standorte. *Rosa* 'Swaney' ist eine 'Meilland'-Rose, benannt nach dem berühmten französischen Rosenzüchter aus Antibes, eine sehr beliebte Rose, die den Boden völlig bedeckt und ungefähr 50 cm hoch wird. Wer gelbblühende Rosen liebt, dem empfiehlt sich *Rosa* 'Mrs. Oakley Fisher'. Die Blüten der *Rosa* 'Ophelia' sind rosa mit einem Hauch gelb an der Knospe. Sie wird 70 cm hoch.

Auch Mauern sind gut geeignet für Spalier- und Kletterpflanzen. Sie speichern Wärme und halten Wind ab, so daß die rankenden Pflanzen nicht verweht werden.

David Austin-Rosen

Vorhergehende Seite: Der famose Schauspieler Harold Acton hat seine florentinische Villa La Pietra geschmackvoll mit Rosen geschmückt, die sich zwischen die Fenster schmiegen. Das preußische Blau der Läden ist ebenso dekorativ wie die Blumen.

David Austin-Rosen sind langblühende Strauchrosen in zarten Farben. Dieser englische Rosenzüchter bezeichnet seine Rosen nach Namen aus den Canterbury Tales oder nach denen, die sich in der Geschichte der englischen Gartenkultur einen Namen gemacht haben, wie etwa 'Constance Spry'. Alle solche Namen tragenden Sorten sind edel, zart und warm in ihrer Färbung, viele blühen mehrfach.

Rosa 'Constance Spry' entwickelt große, violett-rosa Blüten, die zu den Rändern hin heller werden. *Rosa* 'Chaucer' ist der 'Constance Spry' sehr ähnlich, aber langblühend. Auch *Rosa* 'Wife of Bath' ist rosa, im Herz der Blüte intensiver gefärbt. Weißlich bis apricotfarben ist *Rosa* 'Prioress', die als Knospe schalenförmig geschlossen ist. *Rosa* 'Shropshire Lass' ist auch ansatzweise apricot, mit einer Tendenz nach rosaweiß. Graham Stuart Thomas half David Austin bei der Suche nach neuen, langblühenden und widerstandsfähigen Sorten. Die nach ihm benannte Rose blüht dottergelb und wird 1 bis 1,20 m hoch.

Accessoires

Wie man Fachzeitschriften und Anzeigen

in Tageszeitungen entnehmen kann, wird auf die Gestaltung des Gartens mit diversen Accessoires immer mehr Wert gelegt. Die Gartenzentren bieten Ziertöpfe, Gartenmöbel und -beleuchtung im Überfluß.

Elemente, die den Garten schmücken, sind ein weites Feld und sehr unterschiedlich interpretierbar. Das einfachste Bestreben ist wohl, mit Pflanzen, Terrassen, Stufen, Pergolen und Teichen einen netten Patiogarten zu kreieren. Wenn dies gut gelingt, werden weitere Elemente nur notwendig sein als Sitzplatz oder Wetterschutz. Eine andere Möglichkeit ist, daß man mit aparten Kübelpflanzen, Gefäßen und Plastiken seinen Garten individuell gestaltet, wodurch dieser einen Austellungscharakter erhalten kann. Eine andere Option: man beschränkt sich auf ein Material, etwa Eisen, als ein beherrschendes Element, aus dem die meisten Accessoires bestehen. Alle drei vorgestellten Möglichkeiten verdienen eine nähere Betrachtung.

Man sollte zu groß gewordene Pflanzen nicht unbedacht wegwerfen: In einem Topf können sie durchaus noch zu Skulpturen werden, je nachdem, wie man schneiden kann.

Pflanzen als Accessoires

Alte Gartenanlagen verdanken ihre Charakteristik dem Zusammenspiel von Bäumen, Koniferen, Sträuchern, Mauerwerk und begrasten Terrassen. Zierende Elemente sind da Nebensache. In den Gärten, die ich gestalte, versuche ich ebenfalls diesen Effekt zu erreichen, aber ich füge gern noch einen einzelnen Akzent hinzu in Form eines Accessoires. Das kann eine Plastik sein oder auch eine stilgerechte Bank. Meistens schlage ich das in der Vorbesprechung mit den Auftraggebern als Möglichkeit vor. Aber es zeigt sich, daß die Accessoires oft überflüssig sind, weil die Arrangements der Pflanzen an sich genügend eigenen Reiz ausstrahlen. Mein Bestreben ist es, Gärten so zu gestalten, daß Accessoires hinzugefügt werden können, doch nicht müssen.

Formen aus Bronze auf dem Hof eines niederländischen Bildhauers; die Klinker setzen sich im Haus fort, so daß das Innen und Außen ein Ganzes bilden.

Wenn Sie einen Patio besitzen und darin einen Teich anlegen lassen mit zwei graublättrigen Stauden dahinter, vielen Funkien, einer einzigen Rosensorte, einem blühenden und Zierfrüchte tragenden Baum und möglichst noch einer rechtwinkligen Hecke, um die Form des Teiches wiederaufzunehmen, dann ist diese Zusammenstellung perfekt ausbalanciert. Aufgestellte Gartenmöbel sind kein Stilbruch, vorausgesetzt, sie bestehen aus Holz oder Metall in ruhiger Form- und Farbgebung. Wer die gerade Linienführung weniger ansprechend findet, mag seinem Patio lieber mit abgerundeten oder kugeligen Elementen Ausdruck verleihen. Pflanzen Sie nicht mehr als drei hohe Gewächse an der Gartenmauer in der Hauptblickrichtung und einige niedrige Arten bei der Terrasse. Drumherum könnten wogenartig Lavendel, Stachys, Katzenminze und Christrosen stehen. Wer es fernöstlich mag, muß mit Accessoires sehr sparsam umgehen. Hier bieten sich akzentuierende Reihenbepflanzungen an. Um ihre schmückende Wirkung zu erhalten, muß man sie schneiden und in Form halten. Dafür eignen sich *Ilex crenata*, japanische Azalee sowie Buchsbaum. Mit Farnen, *Pachysandra* und *Skimmia*, umgeben von Kies, lassen sich auch sehr gut wellige Linien herstellen. Als hohe Gewächse, die auch geschnitten werden müssen, kommen Bambus, *Pinus cembra* und *Acer palmatum* in Betracht. Als Solitärpflanze wählen Sie z. B. *Prunus*. Sie sehen, auch hier setzen Pflanzen die Hauptakzente, vielleicht noch unterstützt durch einen einzelnen schönen Stein.

Der Übergang von innen nach außen läßt sich auf verschiedene Art und Weise vollziehen. Die Zimmerlinde mit ihren großen Blättern fängt das Licht ein und weist so den Weg nach außen.

Diese kleine Gruppe mit Zimmerpflanzen in Töpfen wird im Winter nach drinnen gebracht. Der Kontrast zwischen ihrer Nüchternheit und der wilden Pracht der Gartenpflanzen ist gelungen.

Wer den grünen Farbtupfern noch eine ruhespendende Kulisse geben möchte, pflanzt eine grüne Hecke dahinter an. Der Vielfalt und der Verwendung sind kaum Grenzen gesetzt. Kübel mit in Form geschnittenem Buchsbaum haben Zeit zu wachsen, wenn die Gartenanlage noch jung ist. Außergewöhnliche, große Exemplare sind eine Kostenfrage, aber entfalten ihre Wirkung sofort.

Der Garten als Ausstellungsfläche

Die Sammelleidenschaft steckt vielen Menschen im Blut, daran hat sich seit Jahrhunderten nichts geändert. Wer die überfüllten spanischen Patios mit ihren unzähligen Topfblumen, Wasserspielen und Azaleen in glasierten Kübeln kennt, versteht die Neigung, einem Garten durch diverse Gegenstände Perspektive zu verleihen. Der Patio wird so zum Hof, zum Innenplatz mit einem Baum hier und da, gruppenweise angeordneten *Acanthus, Lavendel* und zartfarbenen Rosen. Nicht ganz billig, aber schön sind steinerne Elemente als Mittelpunkt und Blickfang wie Wasserspeier und Fontänen, aparte Steintröge, Figuren auf Sockeln oder Obstkörbe aus Stein. Für jeden Geldbeutel erschwinglich ist Terrakotta, in verschiedenen Qualitäten und Preiskategorien erhältlich. Kostspieliger wiederum sind die prachtvollen, wuchtigen Kübel, die teils reich verziert, teils von schlichterer Schönheit sind. Ich empfehle, einige davon mit kugelig geschnittenem Buchsbaum zu bepflanzen und andere für Sommerblumen zu reservieren. Auch Wein und Flieder gedeihen gut in großen Töpfen. Es ist

Alte Sitzbänke sind schwer zu finden und schwer zu tragen. Dieses Exemplar aus Stein mit charakteristischem runden Rücken datiert aus der Zeit des Barock.

ratsam, sie zuerst in schwarze Innentöpfe aus Plastik zu setzen, die in die Terrakottagefäße gestellt werden, um zu verhindern, daß der Ton bei Frost zerspringt. Für Accessoires und Gartenmöbel ist Holz mit Patina sehr dekorativ.

Wer nach Alternativen für das mittlerweile sehr verbreitete Terrakotta sucht, findet diese in Gebrauchs- und Ziergegenständen aus Zink. Eimer, Gießkannen und Wannen sind wieder groß in Mode gekommen. Auch ich bin, nach anfänglichem Widerstand, dem Charme dieser Relikte aus längst vergangenen Zeiten erlegen. Jetzt stehen auf dem großen, verblaßten Holztisch im Garten meines Bauernhauses mit Blumen bepflanzte Wannen, eine Gießkanne und einige kleine Gefäße. Das Resultat ist gelungen: das kühle, graue Zink, beim warmen Grau des Holzes. Dabei will ich es eigentlich belassen, bis ich weitere Schätze finde.

Accessoires aus Beton

Von altersher gibt es schöne Gartenbänke, bestimmt für die städtische Gartenarchitektur.
Bewohnen Sie einen modernen Bungalow mit Patio, ziehen Sie einmal eine geradlinige Betonbank ohne Rückenlehne in Betracht. Die Sitzfläche besteht aus einem langen, ebenen Rechteck und wird von 40 cm hohen Stützen getragen, die über die ganze Breite gehen. Hinter einem Teich und parallel zu diesem aufgestellt, fügt sie sich sehr gut ein.

Zur Zeit ist es groß in Mode, Kompositionen zu versuchen, ganz nach dem eigenen Geschmack. So darf man frei mit verschiedenen Elementen experimentieren: Töpfe mit Hosta, Buchsbaum und krautigen Pflanzen stehen unverbindlich zusammen, und es muß nicht jeder Topf bepflanzt sein.

Ein Patio in Amsterdam

In Hollands Hauptstadt sind die Gärten lang und schmal, bedingt durch die Form der Parzellen, auf denen die Häuser gebaut wurden. Für einen solchen Garten bekam ich einmal einen Auftrag. Es war ein typisch verwilderter Garten mit einem ausgetretenen Trampelpfad. Nachdem ich ihn mit Blumenbeeten, Terrassen und Rundbögen über einen neuangelegten Weg gestaltet hatte, hob er sich von den vernachlässigten Nachbargärten deutlich ab. Die Kräuter- und Rosenbeete im erneuerten Patio bekommen gerade ausreichend Sonnenlicht, um zu gedeihen. Ein großer Teil des Grundstücks liegt im Schatten einer gigantischen Rotbuche, die eigentlich zu groß ist für einen derart schmalen Garten. Der Baum stellt den dominierenden Mittelpunkt dar, besonders im Sommer, wenn sich seine Krone in ein dunkelrotes Blätterdach verwandelt. Die Christrosen und die Herbstanemonen stehen dazu in einem farblich reizvollen Kontrast.

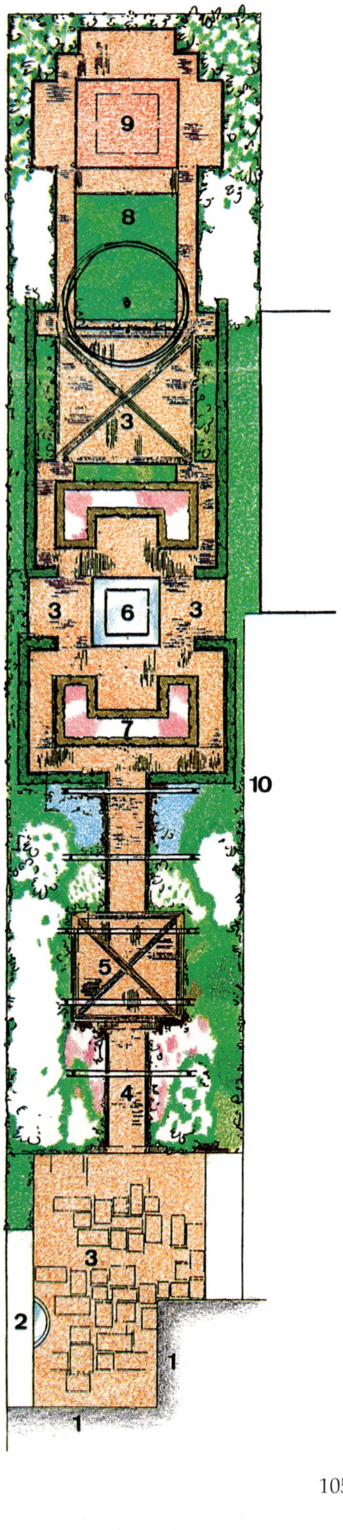

1 Wohnhaus im Souterrain
2 kleines Wasserbecken mit Speier
3 gepflasterte Plätze
4 Bogengang
5 Pflasterterrasse
6 kleiner Teich mit Fontäne
7 Kräuter- und Rosenbeete
8 schattenliebende Bodendecker: Farne, *Asperula* und *Pulmonaria* 'Mrs. Moon'
9 Kinderspielecke mit Schaukelbalken

Der Wintergarten: Das Paradies für Lichthungrige

Der Wintergarten, der seit einiger Zeit schon eine ungeahnte Renaissance erlebt, ist sowohl erweiterter Wohnraum wie auch Winterquartier für Pflanzen.

In dieser Veranda lassen sich aufgrund des gemilderten Außenklimas viele Pflanzensorten halten. Die Wände wurden gelb gestrichen, ebenso die Dachbalken. Dies läßt sich auch in einem Wintergarten mit Satteldach anwenden, so daß eine intime Atmosphäre entsteht und auf die Balken Hängepflanzen in Töpfen gestellt werden können.

Immer häufiger habe ich mit Auftraggebern zu tun, die – manchmal nicht ohne meine Überzeugungskunst – den Wunsch nach einem Wintergarten äußern, um gleichzeitig die Wohnfläche zu vergrößern und das Raumklima zu verbessern. Im nachhinein erweist es sich immer als Volltreffer. Grundsätzlich sind jedoch einige wichtige Regeln zu beachten.

Der Wunsch nach einem lichtdurchfluteten zusätzlichen Wohnraum steht bei den meisten meiner Kunden im Vordergrund. Anderen geht es wieder mehr um die Unterbringung ihrer Kübelpfanzen im Winter, entsprechend der ursprünglichen Bestimmung, als der Wintergarten noch nicht dem Menschen als erweiterter Lebensraum diente. Nach wie vor ist er ein Eldorado für Freunde exotischer und heimischer Pflanzen: Hier finden Orchideen, Palmen, Kakteen und Orangenbäumchen einerseits, Farne, Fuchsien und Geranien andererseits einen idealen Aufenthaltsort.

Die jeweiligen Bedingungen der Licht-, Temperatur- und Luftfeuchtigkeit dieser Pflanzen sind jedoch so unterschiedlich, daß Enttäuschungen vorprogrammiert sind, wenn z. B. Orchideen nicht blühen oder Farne vertrocknen. Wenn man solches Lehrgeld gezahlt hat, neigt man vielleicht dazu, nur noch robuste, widerstandsfähige Pflanzen in den Wintergarten zu stellen. Solche Vorsicht ist zwar verständlich, aber bedauerlich, da seine Möglichkeiten nur zu einem geringen Teil genutzt werden.

Sonne im Winter, Schatten im Sommer

Mein Ausgangspunkt ist der, daß sich im Wintergarten sowohl der Mensch als auch seine Pflanzen wohlfühlen müssen. Erfahrungsgemäß wird dieser Aufenthaltsort im Winter sowie im Hochsommer als Wohnraum nicht genutzt. Die kühle Raumtemperatur während der kalten Jahreszeit schafft für Fuchsien, Passionsblumen und Orangenbäume ideale Bedingungen für die notwendige Ruhephase. Durch ein Heizungssystem, welches natürlich auf einer niedrigen Einstellung läuft, sollte aber verhindert werden, daß der Frost eindringen kann. Obwohl diese Temperaturen nicht gerade einladend sind, kenne ich einige unentwegte Naturen, die sich davon nicht beeindrucken lassen und eingepackt in warme Jacken und Schals die Wintersonne auch in einer offenen Glasveranda genießen. Ich gehöre auch zu dieser Kategorie Menschen, für die der Wintergarten, der sich öffnen lassen kann, ein Paradies ist. Für Orchideen, Palmen und tropische Pflanzen sind das völlig ungeeignete Voraussetzungen. Für mich persönlich wäre Einfachverglasung ausreichend, wobei ich dann Vorkehrungen gegen die Sommerhitze treffen müßte. Im Sommer klettert das Quecksilber im Wintergarten so hoch, daß ein Aufenthalt dort unmöglich wird. Die Lösung dafür ist gleichermaßen simpel wie effektiv: Kletterpflanzen, die mit grünem Blattwerk Schatten spenden und im Winter unbelaubt sind. Sehr gut geeignet für diesen Zweck sind Weinstöcke in Kübeln, die bis unters Dach emporranken und damit im Sommer für eine grüne, schattige Atmosphäre sorgen, wobei die Wintersonne ungehin-

Rote und rosafarbene Geranien Pelargonium *bilden hier eine herrliche Blütenwand; darüber hängen Fuchsien, in deren Blüten sich dieselben Farben wiederfinden. Die preußischblaue Eisenkonstruktion ist dafür eine schöne Kulisse. Ein überzeugendes Beispiel dafür, daß mit einfachen, kräftigen Pflanzen herrliche Effekte zu erzielen sind.*

dert durch die kahlgewordenen Reben scheinen kann. Nachteile sind höchstens der Platzverlust und das Schneiden. Wer sich das Schneiden auf einer wackligen Leiter ersparen möchte, sollte die Weinstöcke lieber außen am Wintergarten pflanzen. Dann können die Reben ungehemmt wachsen und ein dichtes grünes Blätterdach bilden mit köstlichen Weintrauben als Zugabe. Im Winter ist das Schneiden dann aber unerläßlich. Wer diese Arbeit nicht selber ausführen möchte, bittet vielleicht einen freundlichen Nachbarn oder beauftragt einen Gärtner. Wem das alles zu lästig ist, kann alternativ Bäume anpflanzen, die im Winter unbelaubt sind und im Sommer Schatten spenden.
Alle Obstbäume kommen hierfür in Betracht, aber auch Linden und Nußbäume. Was eindeutig für Obstbäume spricht, ist die herrliche Frühjahrsblüte und die Ernte der diversen Früchte wie Äpfel, Birnen, Kirschen, Pflaumen oder Pfirsiche.

Besondere Aufmerksamkeit für zurückhaltende, doch strenge Details im Gerüst und in den Glasscheiben wirken sich auf den Stil des Ganzen aus, wie an diesem Wintergarten mit Art-Deco-Anleihe zu erkennen ist.

Der Wintergarten auf der Ost-, West- und Nordseite

Die Sonne geht im Osten auf und steigt langsam höher, was einen Einfluß auf die Intensität der Sonnenstrahlen hat. Sind diese frühmorgens noch gebündelt, erreicht die Mittagssonne die breiteste Flächenwirkung. Im Winter steht die Sonne weniger hoch über dem Horizont: etwa 18° um 12 Uhr, wenn sie die Ostseite des Hauses schon wieder verlassen hat; im Hochsommer steht sie in einem Winkel von 62° zur Erde, so daß sie den im Osten gelegenen Wintergarten so intensiv bescheint, daß Schutzmaßnahmen erforderlich sind. Von innen können

Rollos oder Jalousien befestigt werden, oder man montiert außen eine Markise an. Während meiner Studienzeit arbeitete ich als Baumzüchter in Gewächshäusern, an denen immer Holzstabrollos angebracht waren. Im Winter lagen sie aufgerollt auf dem Gewächshausdach, im Sommer wurden sie bei Bedarf heruntergelassen, dann gab es innen ein schönes Lichtstreifenmuster. Kunststoffrollos geben zwar einen gleichmäßigen und wohltuenden Schatten, sind in ihrer Wirkung aber etwas eintönig. Was man auch oft sieht, sind Raffgardinen aus Segeltuch in weiß oder ecru, die mit Ringbändern auf- und zugezogen werden. Das ist dekorativ und mutet sehr mediterran an. Luftfeuchtigkeit und Kondenswasser an den Fensterscheiben hinterlassen aber leicht Flecken auf dem Tuch. Hinzu kommt, daß die Gardinen den Pflanzen etwas Platz wegnehmen. Ein Vorteil dieser Abschirmungen ist, daß sie von innen bedient werden können.

Früher waren Wintergarten und Haus wie aus einem Guß. Der Eigentümer dieses Wintergartens, ein Antiquitätenhändler, stellte eine Büste auf die Terrasse und schuf so eine thematische Verbindung von innen und außen.

Der Wintergarten auf der Westseite

Der Sonnenuntergang zaubert oft prachtvolle Farben an den Abendhimmel. Wer eine Stadtwohnung mit kleinem Garten besitzt, wird vom Wintergarten aus nicht viel davon sehen, weil die Wintersonne hinter Bäumen, Nachbarhäusern und hohen Gartenmauern verborgen ist. Schade, denn der Farbzauber ist beeindruckend. Was für den östlich gelegenen Wintergarten gilt, trifft auch auf die Westseite zu. Verschaffen Sie sich einen Sonnen- und Wärmeschutz durch Baumbestand, oder lassen Sie Weinreben über das Dach ranken.

Der Wintergarten im Norden

Liegt der Wintergarten auf der Nordseite, wird kaum Sommerhitze eindringen. Das hat Vorteile, da sich der Sonnenschutz erübrigt und der Ausblick dadurch frei bleibt. Eine Doppelverglasung hingegen empfiehlt sich hier ebenso wie eine vernünftige Heizung, so daß der Aufenthalt nicht nur in den Sommermonaten, sondern auch während der kühleren Jahreszeit angenehm ist. Nach entsprechenden Kriterien sollte auch die Pflanzenauswahl getroffen werden. *Ficus*, *Fatsia*, Fuchsie, *Philodendron* und alle Farnarten vertragen ein schattiges Klima und bereichern stilgerecht die sommerlich-kühle Atmosphäre. Die Beleuchtung im Wintergarten spielt eine wichtige Rolle. Kleine Spots und Lampen spenden den Zimmerpflanzen in der dunklen Jahreszeit zusätzliches Licht als Sonnenersatz und bringen Licht- und Schattenreflexe in den Raum.

Es ist eine bekannte Tatsache, daß Farben nicht nur eine Frage des Geschmacks sind, sondern auch individuelle Eigenschaften haben. Für uns ist ihre unterschiedliche Licht- bzw. Wärmeabsorbtion entscheidend:

Dunkle Farben speichern Wärme, helle reflektieren sie. Nach Norden gelegene Räume erfordern also Farbtöne wie Ocker, Blau und Tiefrot, während auf der Sonnenseite gerade helle Farben wie Weiß, Zartgelb oder Hellblau geeignet sind, die Hitze zu reflektieren.

Wenn man genügend Raum hat, kann man Palmen, Bananen oder Orangenbäume unbegrenzt in die Höhe wachsen lassen. Mit einer Fontäne und einigen Terrassen kann man eine gediegene Freifläche schaffen.

Rechts im Bild ist ein großer dunkelgrüner Wintergarten zu sehen, in dem gearbeitet, geschwommen und gefeiert werden kann (Pulitzer Hotel Amsterdam).

Die Ventilation

Die Ventilation ist das A und O eines Wintergartens. Am Dachansatz müssen Fenster dafür sorgen, daß in der warmen Jahreszeit die aufsteigende Warmluft entweichen kann. Auch die verglasten Seitenwände sollten geöffnet werden können, um die kühle Luft von außen nach innen dringen zu lassen.

Wer tagsüber zu Hause ist, kann die Ventilation von Hand regulieren. Wo das nicht möglich ist, sorgen automatische, temperaturabhängige Systeme für das Öffnen und Schließen der Fenster im Glasanbau. Sie sollten jedoch berücksichtigen, daß auch bei strengem Frost die Innentemperaturen durch Sonneneinstrahlung so weit ansteigen können, daß sich die Fenster öffnen und ihre Pflanzen durch die einströmende frostige Luft erfrieren können. So ein vollautomatisches System, selbst wenn es ein gutes ist und sich einstellen läßt, arbeitet also nur bedingt optimal. Einige Fenster sollten daher nur manuell bedient werden. Nicht zu vergessen sind natürlich die Schiebetüren, die bei zu hoher Raumtemperatur von Hand geöffnet werden.

In das Gewächshausdach sollte in jedem Fall ein oder mehrere Fenster eingebaut werden, die bei zu starker Aufheizung der Luft geöffnet werden. Wein am Dach oder begrünte Rankgitter sind schön, aber keine Alternative dafür.

Daß außer Wärme auch Feuchtigkeit die Raumluft bestimmt, weiß jeder Pflanzenfreund. Manche Pflanzen benötigen so viel Luftfeuchtigkeit, daß sich Kondenswasser an den Scheiben bildet. Auch entziehen sie der Luft Sauerstoff, den auch der Mensch braucht. Bei vielen Pflanzen im Raum kann es sein, daß Frischluft zugeführt werden muß. Außer Fenstern, die automatisch oder per Hand geöffnet werden, gibt es Fußleistenpaneele, die mit horizontalen oder vertikalen Lamellen für die notwendige Belüftung sorgen. Wenn Sie als Haupt- oder Mitnutzer eines Wintergartens nicht der Zugluft ausgesetzt sein wollen, lüften Sie am besten frühmorgens. Auch die Anschaffung eines Ventilators kann nützlich sein. Treffen Sie alle Maßnahmen, um die überschüssige Wärme und Feuchtigkeit nach außen zu leiten und viel

Frischluft hereinzulassen, die für Menschen und Pflanzen gleichermaßen wohltuend ist. Warme, feuchte Luft wird von Ungeziefer und Schimmelpilzen bevorzugt, die die Pflanzen befallen. Beobachten Sie nicht nur die Blattoberseite auf Krankheitsbefall, denn viel häufiger tritt ein Befall an der Blattunterseite auf. Mehltau z. B. befindet sich mit Vorliebe unter dem Blatt, wo er den Saft absaugt und somit der Pflanze die Lebensgrundlage entzieht.

Temperaturregulierung im Wintergarten

Pflanzen, die frostgeschützt überwintern müssen, genügt eine Temperatur um den Gefrierpunkt. Das sind völlig andere Bedingungen als bei einer Nutzung als Wohnraum. Versuchen Sie, die verschiedenen Nutzungsbereiche z. B. durch Schiebetüren voneinander zu trennen, wenn Temperatur und Luftfeuchtigkeit sich stark unterscheiden. Speziell im Winter mögen Sie vielleicht kühlere Raumtemperaturen, als die mediterranen Pflanzen im angrenzenden Glashaus benötigen. Tropische Pflanzen lieben eine höhere Temperatur und Luftfeuchtigkeit, als Sie sie im Wohnbereich schätzen. Sie sehen also, daß eine Abgrenzung beider Bereiche praktisch unumgänglich ist.

Den Wärmeverlust möglichst gering halten

Ein Wintergarten ist durch die Glasoberfläche einem großen Wärmeverlust unterworfen. Einfachverglasung ist als Isolierung unzureichend. Doppel- oder Dreifachglas isoliert natürlich entsprechend besser. Es gibt auch verspiegeltes Glas, durch das man von innen hindurchsehen kann, das aber von außen unschön anzusehen ist. Ferner wird gefärbtes Glas angeboten, das von außen als solches erkennbar ist, aber von innen normal aussieht. Braunes Wärmeschutzglas muß nicht unansehnlich sein, wenn die dazugehörigen Fenster- und Türrahmen um einen Farbton heller gestrichen sind. Blaues Glas ist weniger schön, es sei denn, es wird geschmackvoll integriert in einen blauen Wintergarten und eine graublättrige oder blaublühende Pflanzenumgebung. Soll ein Wintergarten mit dem Wohnbereich kombiniert werden und trotzdem abtrennbar sein (etwa durch Schiebetüren), muß auch der Einbau einer Heizung vorgenommen werden.

Fußbodenheizung

Wird ein Wintergarten neu gebaut, kann man sich überlegen, den Fußboden so zu betonieren, daß zwei Öffnungen bleiben für große Gewächse, die ohne die Enge von Töpfen direkt im Erdreich wurzeln können. Ein Weinstock käme hier in Betracht. Auf den Beton kommt eine Lage Dämmplatten, dann werden die Heizrohre verlegt und zuletzt der Fußbodenbelag aus Holz oder Fliesen. Die erzeugte Wärme ist angenehm gleichmäßig. Im Winterhalbjahr sollte die Heizung niemals ganz ausgeschaltet werden, denn bis das System den Fußboden und die daraus aufsteigende Wärme den Raum auf Temperatur gebracht hat, vergehen Stunden. Die Fußbodenheizung ist ein probates Mittel gegen kalte Füße, und viele Pflanzensorten werden durch die Wärme von unten in ihrem Wuchs gefördert. Für das Keimen von Einjährigen und dem Züchten von Fuchsien- und Geranienablegern ist

Gegenüberliegende Seite: Bei sehr warmem Wetter sollte man die Fenster und die Tür geöffnet lassen, wenn man weggeht. Oder man installiert wie hier ein automatisches System, wo sich Elemente bei großer Wärme ausdehnen und die Luken öffnen.

die Fußbodenheizung ideal. Dieses Heizsystem hat noch weitere Vorteile: Es beansprucht keinen Platz und ist unsichtbar. Sehr umweltfreundllich ist das System, das über Kollektoren auf dem Dach mit Sonnenenergie gespeist wird.

Dieses Gewächshaus aus Holz und Eisen wird mit Fenstern im Dach gut entlüftet und temperiert.

Fußbodenheizung mit Solarenergie

Wer vor der Anschaffung einer neuen Heizung steht, hat die Möglichkeit, sich für die umweltfreundliche Sonnenenergie zu entscheiden, die obendrein mit staatlichen Mitteln begünstigt wird. Sonnenkollektoren absorbieren die Energie, die ein Rohrsystem mit Wasser erhitzt. Dieser Sonnenkollektor wird in einem Winkel von 15 bis 45° in den Garten gestellt, wenn gewünscht verborgen hinter der Hecke im Gemüsegarten oder auf dem Hausdach. Das erwärmte Wasser wird durch Rohre in einen Tank geleitet, der sich auf dem Dachboden befindet. Von dort gelangt es unter den Fußboden im Wohnzimmer oder Wintergarten. Das abgekühlte Wasser wird zu den Kollektoren gepumpt, wo der Kreislauf von neuem beginnt.

Radiatorheizung

In vielen Treibhäusern wird die Wärme über Radiatoren und Heizungsrohre abgegeben. Ist Ihr Wintergarten auf einem Mauersockel von wenigstens 40 cm gebaut, können dort auch Heizkörper anmontiert werden. Es gibt Holzverkleidungen, die sie dezent verbergen und weitere Nutzungsmöglichkeiten bieten: als Stellfläche für Pflanzentöpfe und als Sitzbank, gepolstert mit Kissen. Reichen die Glasscheiben im Anbau bis an den Boden, sind horizontal verlaufende Heizrohre vorzuziehen. Mit hitzebeständiger Heizkörperfarbe dunkelgrün gestrichen und davorgestellten Pflanzen fallen sie kaum noch auf oder stören den Blick nach draußen nicht. Kürzlich ließ ich in einem Gewächshaus, das ich gestalten durfte, 15 cm niedrige Heizkörper installieren, die nicht mit Rippen versehen waren. Diese völlig glatten Radiatoren waren oben offen, so daß man die Rippen, die innen lagen, sehen konnte. Dieses System ist in der Anschaffung zwar etwas teurer als die älteren Modelle, wird aber, gestrichen in dunkelgrün, schwarz oder dunkelgrau und verborgen hinter Pflanzen, fast unsichtbar. Es sind diverse Systeme im Handel, die auch von erfahrenen Fachleuten eingesetzt werden. Informieren Sie sich bei einem dieser Spezialisten und versuchen Sie sich darüber klarzuwerden, welche Pflanzensorten im Wintergarten stehen sollen. Eine *Ficus benjamina* ist selbst in gigantischen Ausmaßen problemlos und stellt keine besonderen Ansprüche an das Raumklima. Orchideen brauchen feuchte Luft, Kakteen dagegen trockene; tropische Pflanzen brauchen beides. Der Wintergarten ist also kein Ort für Ihre Bibliothek, oder Sie halten sich ausschließlich Kakteen.

Verbesserte Wohnqualität

Anhand eines Beispiels will ich aufzeigen, wie entscheidend eine Umgestaltung die Wohnqualität verbessern kann.
Ein modernes Wohnhaus war umgeben von einem Grundstück, das

In diesem Treibhaus sind rundum Arbeitstische angebracht. Wenn es weniger funktionell sein soll oder kann, ist eine Bank oder ein kleines Wasserspiel eine nette Auflockerung.

Dicht übereinander angebrachte Bretter bieten viel Platz für Orchideen. Hier ein Bukett, das wie eine ständig blühende Kaskade ist. Ein Rollo schützt die empfindlichen Pflanzen vor direkter und zu starker Sonne.

vorn und auf der Seite schmal und auf der Rückseite tief und durchschnittlich breit war. Hinter dem Garten verlief, getrennt von einem baumbestandenen Grünstreifen, eine stark befahrene Straße. Aufgrund des Verkehrslärms nutzten die Bewohner den hinteren Garten kaum. Meist saßen sie in einer Nische hinter einer vorspringenden Mauer neben dem Haus, wo der Lärm weniger zu hören war. Ich schlug vor, den Garten an den Seiten und hinten mit bis zu 2,50 Meter hohen Ziegelsteinmauern abzugrenzen.

In der hinteren Mauer sparte ich ein Stück aus und setzte dort ein Treibhaus ein, das auch geräuschdämmend wirkt. Eine sehr gelungene Maßnahme, wie sich herausstellte, als der umgestaltete Garten als Sitzplatz neue Bedeutung gewann. Zwei Teiche verschmelzen über einen kleinen Wasserfall zu einem Ganzen und das Geräusch des plätschernden Wassers übertönt den letzten Rest Autolärm. Im Gewächshaus spielt der Hausherr leise Musik ab, so daß auch dort eine harmonische Atmosphäre herrscht.

Ich persönlich ziehe das freistehende Gewächshaus an geeigneter Stelle im Garten einem Anbau am Haus vor. Angrenzende Wohnräume werden durch den Anbau erheblich dunkler, wodurch ihr Wohnwert gemindert wird. Schon die Tatsache, daß man sich dorthin begeben muß und dabei Haus und Garten aus einer anderen Perspektive sieht, macht den Reiz des separaten Gewächshauses aus. Auch die Beheizung ist weniger kompliziert, wenn keine Verbindung mit dem Wohn-

haus besteht. Zugegeben, der Gebrauch als Wohnraum ist weniger selbstverständlich, weil man durchs Freie geht, um dorthin zu gelangen. Die Auftraggeber, die sich schnell an die neuen Verhältnisse gewöhnten, nutzten das Gewächshaus hinter dem Garten fast ganzjährig, auch in dicken Pullovern eingepackt, wenn die Fenster zum Lüften offenstanden.

Das Gartenhaus zwischen den zwei Mauerabschnitten ließ ich mit Klinkern auspflastern, verbunden mit dem Eingang auf der Seite. Links und rechts wurden Pflanzfächer eingerichtet für Orangenbäume, *Agapanthus, Oleander, Plumbago* und *Farne.* Separat auf einem Sockel steht ein zierlicher Bonsai. Ein Tisch aus Granit nimmt Wasserspritzer nicht übel, wenn die Pflanzen besprüht werden. Auch die neuen Rattanmöbel sind unempfindlich. Für die Heizung wurden bodennahe Heizkörper gewählt, die kaum ins Auge fallen, besonders wenn sie, genau wie die Aluminiumprofile des Gewächshauses, dunkelgrün gestrichen werden. Neben diesen schon beschriebenen Heizelementen kommen auch elektrische Heizöfen in Betracht. Sie sollten einmal ausrechnen, wie oft Sie Wärmezufuhr benötigen. Möglicherweise ist ein mobiler, elektrischer Heizofen, der schnell und effizient heizt, günstiger als die Kosten für eine festinstallierte Anlage. Wer aber das ganze Jahr über bei Zimmertemperatur im Wintergarten sitzen möchte, kommt nicht umhin, eine Fußbodenheizung oder Heizkörper einzubauen.

Der Gemüsegarten Rosemary Vereys gehört mit Sicherheit zu den am meisten fotografierten. Er befindet sich in Frankreich beim Schloß Villandry an der Loire. Die Abbildung zeigt eine kleine Laube voller goldgelbem Hopfen, Humulus lupulus, *der bald das Dach überwuchert haben wird.*

Wasser gehört zum Leben

Ein leidiges Problem: Die Pflanzen in Ihrem Wintergarten brauchen Wasser, Ihre Bücher und Möbel jedoch nicht. Aber nicht verzweifeln: Es gibt zumindest wetterfeste Möbel.

Wenn die zweifarbige Efeuranke das herrlich ziselierte Wasserbecken völlig umwunden haben wird, entsteht eine wirkungsvolle Tiefe.

Wer seine Schreibarbeiten in den Wintergarten verlegen möchte, sollte einige Maßnahmen treffen, um die Feuchtigkeit zu kontrollieren. Von sehr durstigen Pflanzen sollte man also möglichst absehen. Auch bei der Auswahl von Dekostoffen für Kissen und Gardinen ist darauf zu achten, daß das Material nicht allzu empfindlich auf Feuchtigkeit reagiert. Sinnvoll ist die Verwendung von Jalousien für die Fenster und Steinfliesen als Fußbodenbelag, denn normaler Teppichboden wäre hier ungeeignet. Wer mag, kann den Boden auch mit den sehr feuchtigkeitsliebenden Stroh- oder Kokosfliesen auslegen. Eine hohe Luftfeuchtigkeit, die einerseits für alle tropischen und subtropischen Pflanzen notwendig ist, macht andererseits die Anpassung des Wintergartenmobiliars erforderlich. Wer das Interieur nicht den Pflanzen unterordnen möchte, sollte auf Pflanzen zurückgreifen, die warme und trockene Luft vertragen. Glücklicherweise gibt es davon genügend, um trotzdem eine üppig-grüne Atmosphäre zu schaffen.

Ganz ohne Wasser kommt keine Pflanze aus, aber der Bedarf der verschiedenen Arten zeigt erhebliche Unterschiede. Die Bedingungen, unter denen sie in ihrer natürlichen Umgebung wachsen, geben Ihnen einen Fingerzeig, oder Sie sehen in Pflanzenbüchern nach. Kakteen lieben trockenwarme Luft und sind deshalb ideal für den Büro-Wintergarten. Storchschnabel, *Oleander, Fuchsien, Begonien* und fast alle anderen mediterranen Pflanzen mögen trockene Wärme und ab und zu feuchte Erde. Ihr geringer Bedarf an Luftfeuchtigkeit prädestiniert sie

ebenfalls für das Arbeitszimmer im Wintergarten. Strenggenommen gehören Begonien nicht zu dieser Kategorie, aber sie gedeihen auch gut in trockener Luft, vorausgesetzt daß die Erde ausreichend feucht gehalten wird. Gleiches gilt für die Abutilonarten. Alle Pflanzen, die in den Regenwäldern beheimatet sind, wie Orchideen und Philodendron, nehmen viel Feuchtigkeit aus der Luft und aus dem Boden auf und eignen sich auch für den Wintergarten mit Möbeln aus Rattan oder lackiertem Metall.

Um die Luftfeuchtigkeit zu erhöhen, können Sie Wasserspeier, Fontänen oder einfache Wasserstrahlen einsetzen. Hier geschieht das durch große Kröten und eine gehauene Natursteinplatte.

Bewässerungsmethoden

Manche Wintergartenbesitzer schwören auf Gartenschlauch und Brause, um ihre Pflanzen gleichmäßig zu bewässern. Doch Orchideen beispielsweise bereiten Sie damit keinen großen Gefallen, da diese zwar eine hohe Luftfeuchtigkeit mögen, aber weniger einen direkten Guß. Ein Teil der Wurzeln bildet sich außerhalb des Erdreiches und heftet sich an eine Baumrinde, eine hohle Kokosnuß oder an einen Ast und bezieht die benötigte Feuchtigkeit von dort. Keine Pflanze also für ein trockenes Klima. Der Wasserbedarf ist jahreszeitabhängig: Im Sommer ist ihr Durst sehr groß, ebenso im Winter in beheizten Räumen. Gießen Sie also Gewächse, die in der Wärme stehen, entsprechend fleißig.
Zu trockene Raumluft verbessern Sie, indem Sie Pflanzen etwas erhöht in den mit Wasser gefüllten Blumenuntersetzer stellen und regelmäßig nachfüllen. Ein Stückchen Hartholz unter den Topf zu legen oder bei tiefen Töpfen einen Backstein macht ebenfalls Sinn. Wer schön mar-

morierte Steine sammelt, legt diese um die Pflanzentöpfe herum. Der Nachteil ist, daß mit der Zeit häßliche grüne Ablagerungen auftreten. Wer keine Zeit hat oder sich das leidige Gießen ersparen möchte, sollte sich ein Bewässerungssystem anschaffen. Es besteht aus einem langen Schlauch mit vielen Tropfelementen. Eine Zeitschaltuhr setzt die Anlage in Betrieb, die Wassermenge wird von Verteilern je nach Bedarf geregelt. Es sind verschiedene automatische Bewässerungssysteme im Handel. Am besten erkundigen Sie sich bei einem der großen Gartenzentren. Wer seine Pflanzen lieber von Hand mit der Gießkanne versorgt, sollte einen Steinfußboden legen lassen, dem das Wasser nichts anhaben kann.

Womit gießen?

Regenwasser ist unumstritten das beste für ihre Pflanzen, weil es weicher ist als Leitungswasser. Bei alten Treibhäusern kann man fast immer Regentonnen finden, aus denen die Gießkannen gefüllt werden. Aus demselben Grund wurden früher riesige, unterirdische Zisternen gemauert, wie wir sie oft noch bei alten Häusern antreffen. Ist beim Wintergarten zu wenig Platz für einen Brunnen, und das wird oft der Fall sein, suchen Sie nach alternativen Auffangbecken. Das kann eine Regentonne sein, ein schöner alter Steintrog oder ein anderer origineller Behälter. Das Gießwasser für die Pflanzen sollte immer etwas temperiert sein, was wiederum für ein unterirdisches Reservoir spricht, welches obendrein Platz spart. Wenn dann immer noch das

Ein derber Wasserhahn mit einem Abflußbecken aus Quaderstein; kaum etwas paßt besser, um die Pflanzen zu wässern, und je öfter der Hahn mit seinem ungeregelten Wasserstrahl läuft, desto besser für die Luftfeuchtigkeit. Weiter wächst hier Wein auf Drähten, der gegen Mehltau mit Schwefel bestäubt wird.

Die alten Gießkannen aus Zink werden für die Nostalgie heute wieder hergestellt. Sie sind einfach authentischer als gelbe oder giftgrüne Plastikeimer. Sorgen Sie dafür, daß die Kannen immer mit lauem Wasser gefüllt sind, um die Wintergartenpflanzen zu gießen.

Bewässern mit Leitungswasser bevorzugt wird, vielleicht weil eine Wassertonne zu raumfordernd ist, sollte dem Gießwasser aber ein Wasserenthärter zugesetzt werden. Wenn Sie mit dem Gartenschlauch sprühen, macht das gewiß Probleme. Erkundigen Sie sich, ob Ihre Pflanzen eventuell zusätzlichen Spezialdünger benötigen.

Mit etwas Gefühl für Kreativität kann ein einfaches Wasserbassin ohne großen Aufwand umgewandelt werden in einen kleinen Teich, in dem Goldfische schwimmen und allerlei Farne wachsen. In romantischen Gewächshäusern aus der viktorianischen Zeit kann man oft Wasserspiele in Form von Felsformationen bewundern, über die kleine Wasserfälle hinunterrauschen. Damit ist eine gelungene Verbindung entstanden zwischen Schönheit und Zweckmäßigkeit durch gutes Raumklima für die Vegetation. Wer das in eine modernere Version umsetzen möchte, nimmt beispielsweise kleine runde Scheiben aus Beton. Für den japanischen Stil läßt man einen Stein aushöhlen, in den über ein Bambusröhrchen das Wasser hineintröpfelt, das unter dem Stein aufgefangen wird und im Kreis fließt. Der feine Wasserstrahl ist beruhigend und erhöht die Luftfeuchtigkeit. Für Auftraggeber lasse ich als wasserspendendes Ornament für den Wintergarten gern moderne Steingebilde mit klaren Linien hauen oder zusammenstellen. Bedenken Sie dabei, daß alle Farne auf nassem, porösem Gestein wie wild wachsen und sich selbst fortpflanzen. Wenn Sie großen Farnenreichtum lieben, rate ich Ihnen zu Lavastein.

Solche herrlichen Pumpen mit Abflußbecken aus Quaderstein wurden früher für die Wasserversorgung gebaut, und davor waren es Zisternen mit Regenwasser. Heute drehen wir nur den Wasserhahn auf, auch wenn Regenwasser besser ist.

Das Ambiente im Wintergarten

Der Wintergarten sollte Ruhe ausstrahlen für ungestörtes Lesevergnügen oder andere Beschäftigungen. Ausschlaggebend für die Atmosphäre ist die Wahl der Pflanzen und Möbel, die natürlich Ihren Geschmack widerspiegeln soll.

Hier hat man in einem Wintergarten einen viktorianischen Garten mit hübschen Blumeninseln und Wandelpfaden aus feinem Splitt angelegt. Mit Geranien und Begonien ist diese Pracht leicht für viele Monate des Jahres geschaffen.

Für mich ist die Thai-Atmosphäre das Nonplusultra: eine Raumausstattung mit Rattanmöbeln und großen Sitzkissen, die das Sitzen zum Vergnügen machen. Der Wintergarten ist ein Platz zum Lesen, Schreiben, Essen oder Teetrinken, er sollte also diesen Zwecken gut dienen und angepaßt sein.

Einem Händler für Wintergarteneinrichtungen gestaltete ich die Ausstellungsfläche als Gartenanlage, auf der ein überdimensionales Gewächshaus aus dunkelblau gestrichenem Aluminium gebaut wurde. Dort stehen Tische mit Granitplatten und Gestelle aus Guß- oder Schmiedeeisen in schlichter oder barocker Form, geschmiedete italienische Möbel mit rautenförmig gekreuzten Lehnen und dicken Knöpfen aus Kupfer. Rattan und Peddigrohr sind hier ebenso reichlich vertreten wie formschöne Möbel aus Hartholz. Eßtische, bequeme Sessel, Stühle und Bänke werden mit und ohne Polster angeboten, je nach gewünschtem Komfort.

Möbel aus Naturholz nehmen eine wunderbare graue Farbe an, wenn sie unbehandelt sind. Holz kann auch geölt werden, dann bleibt die warme Teakholzfarbe erhalten, die so gut mit Kissen aus weißem und ecrufarbenem Leinen harmoniert. Passend dazu gibt es Raffgardinen, durch Ringbänder beweglich, oder Vorhänge für den Winter, also alles was einem Raum viel Lebensqualität gibt.

Fernöstliches Ambiente durch Rattan

Rattanmöbel aus Thailand haben etwas klassisches, das sehr wohltuend anmutet. Der helle, beige Farbton wirkt sehr warm und braucht passende Kissen in Ecru und Zimt. Sitzflächen und Rückenlehnen dieser Stühle sind aus geflochtenem Naturmaterial. Diese Möbel bereichern jede Terrasse, können aber genausogut im Eßzimmer stehen.

Ein großes Gewächshaus, das ich vor kurzem entwarf, ist ganz originell eingerichtet. Der Sitzplatz mißt 3 x 3 Meter und wird durch Schiebetüren rechts und links vom restlichen Teil abgegrenzt. Hier stehen Orchideen und Grünpflanzen. Gleich daneben stehen eine grasgrüne viktorianische Rattanbank und zwei ganz einfache geflochtene Stühle mit runder Rückenlehne. Ein niedriger japanischer Tisch, ebenfalls aus Rattan, gehört auch dazu. Kleine Leuchtstrahler setzen diesen Sitzplatz mit Musik und Telefon ins rechte Licht. Über das Dach rankt eine Passionsblume, und überall im Treibhaus gibt es reichlich blühende Pflanzen.

Den Garten ließ ich in geraden Linien und rechten Winkeln anlegen. Kleine Buchsbaumhecken umsäumen Blumenbeete. Das Gewächshaus begrenzt den rückwärtigen Teil des Gartens; es konnte erst gebaut werden, nachdem eine mächtige Zeder, die dort stand, vom Sturm entwurzelt wurde. Das Treibhaus ist 13 Meter lang, 3 Meter breit und in der Höhe verschieden durch einen erhöhten Mittelteil. Das Ganze hat Standardmaße, so daß der Kostenaufwand im Rahmen blieb. Unter den Fenstern wurden jeweils zwei Rohre für die Heizung ver-

Meistens sind die von mir entworfenen Wintergärten und Gartenhäuser dunkelgrün gespritzt. Hier ist allerdings die Aluminiumfarbe geblieben, was bei dem reichlich vorhandenen Grün jedoch nicht stört, sondern sogar mehr Licht und Luft vermittelt.

legt. Als Sonnenschutz wurde am First eine Raffgardine angebracht, die bei Bedarf seitlich heruntergelassen werden kann. In beiden Bereichen des Gewächshauses steht ein Arbeitstisch, wobei der Sitzplatz das Zentrum darstellt. Nebenan, sozusagen im Pflanzenreich, überwintern Orangeriegewächse und Buchsbaumfiguren in Kübeln. Im Sommer leuchtet hier das Blau von *Plumbago,* und rankender Jasmin in Töpfen verbreitet einen süßlichen Duft. Wegen der schillernden Farbenpracht im Garten ist das Treibhaus bewußt unauffällig gehalten. Für die Bewohner ist es zum Zentrum des Gartens und verlängerten Wohnraum geworden.

Möbel aus Eisen, transparent und elegant

Für eine Veranda oder einen kleinen Sitzplatz im Gewächshaus sind Tische und Stühle aus Eisen empfehlenswert. Weil sie „durchsichtig" sind, nehmen sie optisch wenig Platz weg und versperren nicht die Sicht auf Garten und Pflanzen. Keine Arbeit mit der Instandhaltung haben Sie, wenn Sie einen Tisch mit Marmorplatte wählen. Unter Einwirkung von Feuchtigkeit rostet Eisen schnell und macht regelmäßig einen neuen Farbanstrich erforderlich. Außer Tischen und Stühlen, teilweise kombiniert mit anderen Materialien wie Stein, Blei oder Hartholz für Platten und Untergestelle, gibt es für den Wintergarten noch weitere Einrichtungsgegenstände aus Eisen. Praktisch und raumsparend sind sogenannte Etagèren in verschiedenen Modellen, wo Pflanzen stufenweise auf mehreren Niveaus angeordnet werden kön-

Diese Bänke werden glücklicherweise heute wieder gefertigt, wenn auch aus Aluminium, wodurch sie aber erschwinglich sind. Die Optik ist jedoch gleich und besonders wirkungsvoll, wenn die Bank einmal mit Moos und Schlingpflanzen bewachsen ist.

In Amsterdam liegt dieser Wintergarten, in dem ein Spiegel hängt, der dem Raum extra Tiefe gibt und von Begonien umrahmt wird.

nen. Ein Stufengestell mit blühenden Fuchsien, einigen Geranienarten, *Saintpaulia* und *Streptocarpus* ist eine Augenweide, wenn es an einem exponierten Ort steht. Mehrere Pflanzen in ähnlicher Farbe schaffen ein einheitliches, fließendes Bild. Nach Herzenslust können die Pflanzen umgestellt werden: die blühenden immer nach vorn, die verblühten wieder nach hinten. Es werden auch hohe Etagèren angeboten, doch die hohen Gestelle auf Holz sind leider nicht mehr erhältlich. Sie waren gebeizt und imprägniert. Von Nachteil war die etwas derbe und nach vorn weit ausladende Konstruktion. Ein größeres Gewächshaus mit einer geschlossenen Mauerseite, an der die Etagère stehen kann, ist der richtige Rahmen dafür. Wenn eine Veranda auf drei Seiten verglast ist, plazieren Sie das Stufengestell dort, wo sie angebaut ist, oder seitlich des Eingangs zum Wohnbereich. Eine Rundumverglasung bedeutet, daß Sie entweder ein niedriges Modell wählen sollten, oder Sie lassen aus zwei halbrunden Etagèren eine runde Blumeninsel entstehen.

Wer den Wintergarten als Arbeits- und Eßplatz nutzt und großen, ausgefallenen Pflanzenkollektionen weniger Bedeutung beimißt, muß sich durch die notwendig niedrige Luftfeuchtigkeit anspruchsloseren Pflanzen zuwenden. Eine große Orchideensammlung scheidet also aus, statt dessen schmücken *Saintpaulia, Steptocarpus,* Geranien und Fuchsien den Raum. Der Wohnbereich ist in der Hauptsache auf den optischen Wert ausgerichtet. Ein Arbeitstisch zum Umtopfen und

In der Ära von Königin Viktoria und Königin Emma wünschte sich jeder die exotischen Pflanzen aus Südamerika, Mexiko und Südafrika, von woher unter anderem Pelargonium *(Geranien) eingeführt wurden. Auch Palmen, Granatäpfel, Riesenfarne und Orangenbäume wurden damals in den Gartenhäusern der Reichen aufgestellt, von denen hier eines ohne Pflanzen zu sehen ist. Hier arbeiten zu dürfen ist wohl der Traum jedes Gartenarchitekten.*

Züchten von Keimlingen ist daher nicht angebracht. Passende Akzente setzen Etagèren voller Pflanzen, Marmortische, Hocker und Blumensäulen. Für den Fußboden rate ich zu Terrakottafliesen oder grauen Natursteinplatten, die unempfindlich sind gegen Schmutz und Wasser.

Sehr geschmackvoll hat Rosemary Verey ihren neuen Wintergarten gestaltet, der an ihrem alten Wohnhaus Barnsley House steht. Schlichte Sandsteinsäulen, olivgrüne Terrassentüren und alte Sandsteinplatten bestimmen das Ambiente, welches innen mit einem Wasserfall und vielen Zimmerpflanzen fortgesetzt wird.

Eine Ausstattung mit Stein

Seit einiger Zeit sind gute steinerne Tischplatten auf dem Markt, die auch für Wintergärten sehr praktisch sind. Sie sind unverwüstlich und können auf die verschiedenen Untergestelle montiert werden. Wollen Sie eine Art Etagère daraus machen, legen Sie die Platte auf Säulen aus Quaderstein oder dunklem Beton, oder nehmen Sie ein Gestell für Bistrotische aus schwarzem oder dunkelgrünem Eisen. Eßtische gibt es auch in etlichen Ausführungen mit runden, ovalen oder eckigen Tischplatten aus Quaderstein auf Holz- oder Schmiedeeisen in sachlich-moderner oder ornamental-verschnörkelter Linienführung.
Auch für den Fußboden läßt sich Quaderstein gut verwerten. Es gibt Platten in den Standardmaßen 40 x 20 und 40 x 40 cm aus Serienherstellung. Für Anhänger alter Materialien, die das Besondere schätzen, sind Platten, die sich in Farbton und in der Marmorierung voneinander unterscheiden, spannungsreicher. Eintönige Kühle ist jedoch eine geeignete Kulisse für farbige Akzente durch Terrakottatöpfe, weißglasierte Keramik und Rattanmöbel in warmen Farben. Ich persönlich mag auch diese unauffälligen Fußböden, weil durch die entsprechen-

de Einrichtung mit Körben und Flechtwerk mit einfachen Mitteln eine anheimelnde Atmosphäre entsteht. Umgekehrt kann ein Zuviel an „Wärme“ und Behaglichkeit leicht überladen wirken. Schließlich dient der Wintergarten in erster Linie den Pflanzen. Besitzen Sie sogar nur einen großen Kübel etwa mit bunten Strelizien, ist ein ruhiger Hintergrund in milden Farben zu empfehlen. Zu berücksichtigen ist dabei immer, ob der Anbau auf der Nord- oder Südseite liegt.

Welche Gestaltung bei welcher Lage?

In die Wintergärten zum Norden gelangt wenig Sonne, außer in den frühen Morgenstunden und am Abend, wenn keine Mauern oder Bäume die Sonne verdecken. Hier sollten also helle, freundliche Farben gewählt werden. Terrakotta, rötliche Bodenfliesen, viel Holz und helle Übertöpfe auf den Etagèren sind der Ersatz für das labende Licht der Sonnenstrahlen. Möbel in blauen und grün-grauen Nuancen wirken attraktiv und bilden interessante Kontraste zum intensiven Grün der Pflanzen. Für Vorhänge und Sonnenschutzrollos können Sie gewagte Muster und starke Farben nehmen. Mit Blau, Gelb oder Weiß kann man nichts falsch machen. Der Wintergarten zum Süden verlangt Ruhe für das Auge und eine kühlere Farbgestaltung. Terrakotta, Grau und Dunkelblau bestimmen diese Atmosphäre. Unglasierter Boden aus Naturstein ist eine Wohltat für das Auge. Ein Kompromiß ist der gläserne Anbau, wenn er zum Westen oder zum Osten hinausgeht. Ganz allgemein läßt sich feststellen, daß eine in hellen Farben ge-

Für diesen Garten entwarf ich eine Szenerie mit weißen Rosen und Staudenpflanzen, deren Zentrum mit denselben weißen Farben bepflanzt ist. Mein Auftraggeber fand das zu eintönig, worauf ich diesen Teich mit Quadersteinrand und schwebenden Platten an den Enden vorschlug.

haltene Ausstattung am geeignetsten erscheint, zumal man gerade zu den Tageszeiten, wo gegessen oder Kaffee getrunken wird, dort im Schatten sitzt. Weitere Einrichtungsempfehlungen sind: ein Holzfußboden, kleine oder größere Bodenfliesen in allen roten Schattierungen, Holztische, Korbgeflochtenes und schlichte Dekorationsstoffe für Sonnenschutzrollos, Vorhänge und Kissen in Pastelltönen. Wer etwas kräftigere Farben mag, wählt Gelb, kühles Blau oder Ziegelrot. Aber aufgepaßt mit tiefen Farben: was im Sonnenlicht noch freundlich wirkt, kann im Schatten zu viel Dunkelheit erzeugen. Ergänzend gehört dazu das zarte Grün der Zimmerpflanzen und Farne, die auf so hohen Sockeln stehen, daß das Licht, von unten gesehen, hindurchscheint.

Diese majestätische Orangerie ist völlig aus Naturstein gebaut. Ihre äußere Strenge steht in krassem Gegensatz zu dem herrlichen, zarten Duft von Limonen, Orangen und blühenden Lilien im Innern.

Hängepflanzen

Vollgepflanzte, aufgehängte Metallkörbe, die viel Licht schlucken, sind in einem dunklen Wintergarten nur sehr sparsam einzusetzen. Doch kann gerade ein einzelner Korb mit zweifarbigem Efeu, zartrosa und weißen Fuchsien oder hellblättrigen *Chlorophytum* eine heitere Stimmung in ein Glashaus auf der sonnenabgewandten Seite zum Norden, Westen oder Osten bringen. Auf der Südseite dagegen sind Blumenampeln mit sonnenhungrigen Pflanzen ein natürlicher Sonnenschutz. Es ist zweckmäßig, Plastikfolie unten in den Korb zu legen, die verhindert, daß nach dem Gießen Wasser auf Gardinen, Möbel und Fußboden tropft. Blumenampeln erfordern ein sorgfältiges und maßvolles Bewässern, denn wer es zu gut meint, läßt die Pflanzen ertrinken. Im Wintergarten mit Steinboden ist die Folie im Topf nicht notwendig. Um zu verhindern, daß Sie von unten die Plastikfolie sehen, kleiden Sie den Korb erst mit einer Schicht Moos aus und legen darauf die Folie.

Der hängende Garten in einem Amsterdamer Gewächshaus

Viele Grachtenhäuser („Grachten" nennt man die vielen Kanäle in Amsterdam) aus dem 17. Jh. haben lange, schmale Gärten. Diese zu gestalten ist für den Gartenarchitekten keine leichte Aufgabe, die durch alten Baumbestand oft noch erschwert wird. Von einer gelungenen Erneuerung will ich berichten, die den Garten in ein Blumen- und Pflanzenparadies verwandelt hat und für die Bewohner eine Idylle zum erholsamen Aufenthalt ist. Drei Außenterrassen, durch Stufen auf unterschiedlichen Niveaus, bieten ein abwechslungsreiches Bild und viel Platz zum Verweilen. Weiter hinten, wo das Grundstück breiter wird, stehen blühende Stauden, Rosen und Kräuter. Der Weg in der Mitte endet bei einem grüngestrichenen Gewächshaus, das durch einen Spiegel in der hinteren Wand mehr Tiefe erhält. Davor hängen an Ketten Körbe mit großblättrigen Begonien. Das Ganze ist eine die Phantasie anregende Welt, die sich auch in anderen Gartentypen realisieren läßt. Solche Beispiele setzen oft Denkprozesse in Gang und können die eigene Kreativität beflügeln.

Wer noch nicht weiß, ob ihm ein Gewächshaus gefällt, fängt mit einem kleinen an, in dem er Pflänzchen heranzieht oder zum Überwintern hineinstellt.

Das Gewächshaus als Teil des Gartens

Dieses zu Schloß Walenburg gehörende Gewächshaus hat etwas von einem romantischen Wintergarten. Der Garten ist für Publikumsverkehr geöffnet.

Es ist wichtig, daß das Gewächshaus harmonisch in den Garten integriert ist. Man kann zwei Möglichkeiten in Betracht ziehen, falls zum Haus auch eine Terrasse oder Veranda gehört. Mit Kübelpflanzen und Pflasterecken kann zwischen Garten und Gewächshaus ein fließender Übergang geschaffen werden.

Es droht zwar leicht überladen zu wirken, aber zu einem fließenden Übergang gibt es keine Alternative. Ein großer weißer Sonnenschirm auf der Terrasse mindert außerdem die Hitze in der Veranda. Souveränität strahlt es aus, wenn innen und außen die gleichen Terrakottagefäße stehen, bepflanzt mit *Abutilon* für den Innenbereich und mit *Geranien* in gleichem Farbton für außen.

Eine andere Möglichkeit Kontraste zu schaffen ist, indem man entlang der Veranda mit Holz- oder Steinfußboden eine üppige Staudenvielfalt anlegt. Ein Beispiel: Nahe der Veranda liegt ein Teich, den mannshohe Pflanzen wie *Gunnera* umsäumen, deren riesige Blätter sich im Wasser spiegeln, wodurch man sich in eine Märchenwelt versetzt fühlt.

Eine gepflasterte Terrasse wird ganz bewußt weiter hinten im Garten angelegt, so daß auch dort eine eigenständige Atmosphäre entstehen kann. Pflanzen Sie zwischen Veranda und Terrasse Bambus oder hohes Ziergras wie das große Chinaschilf, wenn Sie etwas Dschungelatmosphäre wünschen. Bedenken Sie bei der Auswahl, daß Bambus auch im Winter belaubt bleibt.

Der formale Aufbau außerhalb des Gewächshauses

Früher wurden vor der Veranda oft Kästen aufgestellt, die im Winter zum Züchten und Überwintern von Pflanzen mit Glas abgedeckt wurden. Diese Frühbeete wurden manchmal beheizt, meistens aber kalt genutzt. Ein solches Beispiel mit geraden Linien ist beim Gewächshaus am niederländischen Schloß Walenburg zu sehen. Dieses Schloß datiert aus dem 13. Jahrhundert und wurde in einem ehemaligen Waldgebiet nahe Utrecht erbaut, das auf einer Insel liegt, die in einen Park umgestaltet wurde. Hier führen von Hecken flankierte Graswege hindurch, die auf der länglichen Insel kreuzförmig vier gleich große Gärten voneinander trennen. Einer dieser Gärten ist ein Zucht- und Blumengarten mit einem romantischen Gartenhaus darin. Dieses wurde aus alten, gebrauchten Materialien von einem für den Denkmalschutz arbeitenden Architekten errichtet. Es wurden kleine Fenster eingesetzt und deren Holzrahmen weiß gestrichen. Die Stützen an den Seiten sind aus alten Klinkern gemauerte Säulen, alte Fenster mit neugestrichenen Rahmen wurden eingesetzt. Das verleiht diesem Kleinod die romantische Note, die den modernen Gewächs- und Gartenhäusern fehlt.

Der Garten rund um das Gewächshaus

Wenn man aus dem Gewächshaus in den mit Hecken begrenzten Garten blickt, entdeckt man rechts zwei Zuchtbeete mit Pflänzchen, die dort vor Frost geschützt den Winter über stehen, vorgezogene Keimlinge von Maiglöckchen und Alpenveilchen in Setzschalen und reihenweise Zwiebel- und Knollengewächse. Unter Glas im kalten Beet gelangen sie schneller zur Blüte als im Freiland. Auch Fuchsien und zarte exotische Topfpflanzen wie Ballota überstehen hier die Frostperiode. Links vom Treibhaus befindet sich ein großes Blumenbeet, auf

Wer nichts vom Rasenmähen hält, muß doch nicht auf Grün im Patiogarten verzichten. Pflanzen in allerlei Töpfen und Kübeln, eventuell kombiniert mit Kletterpflanzen an den Mauern, sorgen für eine angenehme Umgebung.

dem noch stets Stockrosen, *Geranien* und Pimpernell blühen. Die vielen Fuchsien gibt es nicht mehr, statt dessen haben die heutigen Eigentümer eine Reihe von schmückenden Statuetten aufgestellt. Der mediterrane Jasmin klettert an Stangen empor, und Oleanderbüsche stehen im Sommer vor dem Treibhaus. Alltag und Hektik kann man in diesem Garten leicht vergessen.

Ein zünftiger Schornstein verrät, daß hier im Winter geheizt werden kann und Kostbarkeiten wie Zitrusfrüchte, Oleander, Palmen, Granatäpfel und Myrrhe sicher aufgehoben sind. Daneben ein kleiner Bogengang aus Spalierbirnen.

Daß Backsteine, Glas und Holz eine gute und romantische Kombination darstellen können, beweist das Beispiel dieses Gewächshauses. Will ein Hobbygärtner auch züchten, ist ein Arbeitstisch sehr praktisch. Wenn der Unterbau des Treibhauses bis Tischhöhe aus Ziegeln besteht, mauern Sie stilgerecht wie hier Backsteinpfeiler, die die Arbeitsplatte tragen. Unterm Tisch ist Platz für jede Menge Blumentöpfe. Über allem thront der hölzerne Dachstuhl mit den Glasplatten. Auf einer Seite im Gewächshaus stehen Wachsblumen und *Stephanotus*, die einen herrlichen Duft verbreiten.

Im Winter ist es dann voller Setzlinge und den großen Orangeriegewächsen, die hier mitsamt den Kübeln überwintern.

Eine weitere wichtige Erkenntnis ist, daß dem Treibhaus eine ganz eigene Atmosphäre gegeben wird und ihm die „züchterische" Note ruhig angesehen werden darf. Vielleicht legen Sie davor Pflasterecken an, auf denen im Sommer die Kübelpflanzen und Tröge stehen, die für den Winter schnell wieder weggeräumt sind.

Formelle Fächer mit Buchsbaumhecken

Wem Symmetrie und formelle Einteilung nicht langweilig vorkommt, oder wer es wie ich sogar schätzt, wird seinen Garten in herkömmlicher Weise einteilen, d. h. ein Mittelgang, der direkt auf die Treibhaustür zuführt, mit rechts und links davon gelegenen rechteckigen Pflanzenbeeten mit jeder gewünschten Bepflanzung. Sie können Sommerblumen säen oder mehrjährige Stauden und Rosen pflanzen. Sogar große Gewächse wie *Datura, Abutilon* und *Oleander (Nerium)* gedeihen im Freiland ausgezeichnet. Damit der Garten auch im Winter noch ansehnlich ist, setzen Sie Buchsbaumhecken als Beeteinfassung ein. Sie sind immergrün und unterstreichen die formelle Einteilung. Auch innerhalb der Beete können Sie mit Buchsbaum Figuren zeichnen.

Wenn die Pflanzen die Hauptrolle spielen, sollte das Gewächshaus nicht zu auffällig sein, z. B. als federleichtes Element aus Aluminium und Glas.

Monokultur in Buchsbaumbeeten

Wer von der üblichen, variierten Bepflanzung wegkommen möchte, pflanzt nur eine einzige Sorte in einem vom Buchsbaum abweichenden Grünton. Am Meer könnte Rosmarin im Garten stehen, weiter landeinwärts käme silbergraues Heiligenkraut oder blaublühender Lavendel in Frage. Heiligenkraut blüht blaß- bis zitronengelb. Salbei sieht als Monokultur auch recht interessant aus, ebenso wie Minze und viele andere Sorten. Ist Ihnen eine solche Bepflanzung zu niedrig, kann eine Reihe Stammrosen Abhilfe schaffen, die mit den Blüten im Gewächshaus farblich übereinstimmen.

Versuchen Sie die Farben innen und außen möglichst aufeinander abzustimmen, damit eine Einheit entsteht.

Haben Sie z. B. weiße Kissen und Raffgardinen, paßt dazu die weiße Stammrose *Rosa* 'Marie Pavic'. Mit gelbem Interieur harmoniert *Rosa* 'Peace', und zu rosafarbenen Attributen gehört eine Sorte wie *Rosa* 'Bonica'.

Gegenüberliegende Seite: In England sind romantische Lauben schon viel länger beliebt als hierzulande.

Manchmal hilft nur Tarnung

Bei einem alten Bauernhaus entdeckte ich einmal eine gelungene Integration eines Gewächshauses aus Serienfertigung, einem Standardmodell aus Holz, die so gar nicht in die bäuerliche Romantik paßte, die das Anwesen umgab. Glücklicherweise hatte die Bewohnerin durch das Drumherum eine ganz aparte Atmosphäre entstehen lassen. Graswege durchkreuzten großzügig angelegte Beete, auf denen Stockrosen, Königskerzen, Dill, Fenchel und Artischocken wuchsen. Es war ein duftendes Blumenmeer, und durch die höheren ein- und zweijährigen Pflanzen sowie den jährlich wiederkommenden Artischocken, die das Treibhaus umgaben, war ein dichter Schleier von grünen, grauen und farbigen Tönen entstanden, wodurch das Gewächshaus kaum noch zu sehen war. Im Winter bleibt von der Bepflanzung natürlich nichts übrig. Ich empfahl der Dame zusätzlich immergrüne Pflanzen mit bizarren Formen.

Die Sorte *Viburnum burkwoodii* bleibt grün-grau, ebenso die Ölweide, die köstlich duftende Blüten hervorbringt. Diese Stauden sollten durch Schnitt abgerundet werden, damit sie in Form bleiben, andernfalls wachsen sie ausufernd, insbesondere die Ölweide.

Rundum kann auch eine Hecke gepflanzt werden, etwa aus Buchen oder Eiben. Wenn das Gewächshaus im Winter wieder sichtbar sein und die Sonne es erwärmen soll, kommt alles in Betracht, was die Blätter oder Nadeln verliert, etwa Lärchen. Die Hecke sollte nicht zu nah am Gewächshaus stehen, wenn es darin nicht sehr kühl sein soll.

Rund um den Wintergarten

Im Kapitel über die Ventilation beleuchtete ich die Möglichkeiten, im Winter kahle und im Sommer dichtbelaubte Bäume zur Wärmeregulation im Wintergarten einzusetzen. Obstbäume erweisen sich als besonders geeignet, da sie obendrein schön blühen und Früchte tragen.

Bögen waren in früherer Zeit hauptsächlich für darüber rankende Birnen gedacht. Dieser Bogen besteht aus klassisch-rustikalem Eichenholz.

Das Schneiden ist unerläßlich, was eigentlich ein Vorteil ist, da Sie die Höhe, die der Baum behalten soll, um den gewünschten Schatten zu spenden, genau bestimmen können. Befindet sich das Gewächshaus im Osten, Norden oder Westen, kommt es eher darauf an, die Sicht vom Garten oder der Terrasse auf den angebauten oder freistehenden Wintergarten zu verblenden. Auch hier sind Obstbäume angebracht. Die Bäume sollten aber etwas weiter entfernt stehen, von geringerer Höhe oder lichtdurchlässig sein.

Kletterpflanzen für den Wintergarten

Wer schon einmal durch das Gartenbaugebiet südlich von Brüssel gefahren ist, kennt auch die Weinkulturen in den schier unzähligen Gewächshäusern. Die Weinstöcke wachsen außerhalb und können so ihre Wurzeln ungehindert vom Treibhausfundament entwickeln. Die Reben werden nach innen geleitet, wo die Trauben von der Witterung unberührt schneller und unbeschadet heranreifen. Im Winter, während der Ruhepause der Weinstöcke, dürfen die Treibhäuser nur wenig beheizt werden. Das bedeutet beim häuslichen Wintergarten, der gleichzeitig als Wohnraum dient, daß diese Art des Weinanbaus ungeeignet ist. Aber es gibt auch andere Lösungen.

Begrünung von außen

Wem im Sommer an Kühle gelegen ist, pflanzt außen Wein an und läßt ihn an den Außenwänden emporranken. Das Beschneiden ist auch im Sommer unvermeidbar, was manchem lästig sein mag. Es läßt

Hier sind mehrere Hecken zu sehen: Buchsbaum um die Pflanzenfächer, Taxus vor einem Birnenspalier an der hohen Ziegelsteinmauer, von der das Grün gut ablenkt.

sich aber gerade beim Wein leicht durchführen, wenn einige Regeln beachtet werden. Entfernt werden müssen alle Jungtriebe über den Trauben, damit diese von den Wurzeln optimal versorgt werden können und keine Kraft für meterlange Ranken verlorengeht. Sind Sie ausschließlich am grünen Blattwerk und nicht an der Traubenernte interessiert, erübrigt sich der Sommerschnitt.
Andere Vorschläge zum Thema Kletterpflanzen: Blauregen, Kletterrosen, *Aristolochia* und viele andere. Liegt das Gewächshaus auf der Nordseite, pflanzen Sie Geißblatt an, *Lonicera*, z. B. *L. periclymenum* 'serotina', schattenliebend und unvergleichlich im Duft. Auch mit Kiwi läßt sich ein nur für den Zweck gedachtes Treibhaus gut kaschieren. Der wilde Wuchs und das auffallend große Blatt lassen kaum erahnen, daß sich dahinter noch etwas befindet.

Alte Obstbäume, die sich im Laufe der Jahre etwas zur Seite geneigt haben, üben eine romantischere Atmosphäre aus als die geraden Stämme aus neuer Zucht.

Mit Farbe erneuern

Einem weißen, etwas unansehnlich gewordenen Gewächshaus kann ein dunkler Farbanstrich wieder zu neuem Ansehen verhelfen. Alle Nuancen im dunkelgrünen Bereich sind bestens geeignet. Ein Treibhaus aus einer Hartholzkonstruktion sollten Sie lieber nicht mit Lack oder Öl behandeln, sondern ganz von selbst verwittern und grau werden lassen, das schwächt die Form ab. Die üblichen Alu-Konstruktionen können in jeder gewünschten Farbe gespritzt werden. Wenn Sie auf so etwas nicht spezialisiert sind, überlassen Sie es auf jeden Fall einem Fachmann.

Materialien für den Wintergarten- und Treibhausbau

Ob Sie sich nun von Altem inspirieren lassen oder gerade das Ultramoderne lieben: der Handel bietet Baumaterialien für alle Zwecke.

Die Farbe Schwarz wird vom Wintergarten nach draußen in den Gartenzäunen konsequent fortgesetzt. Die Bepflanzung bewahrt sie vor zu starker Dominanz.

Die ältesten Orangerien sind Backsteinbauten mit oder ohne Putz. Am Beispiel von Schloß Walenburg sahen wir, daß Klinkersäulen die Stützen bildeten, auf denen das Dach ruhte und die den Fensterrahmen ihren Halt gaben. Von den alten Steinen geht eine Romantik aus, die es wert ist, daß man diesem Beispiel folgt.
Außer Backsteinen und Holz für Fensterrahmen und Dachstuhl gibt es auch Modelle in kompletter Holzbauweise. Hierfür wird fast ausschließlich Hartholz verwendet. Fichte und Kiefer würden ohne Imprägnierung verrotten. Für ein eher trockenes Gewächshaus kann man natürlich auch eine behandelte Weichholzsorte nehmen. Die Instandhaltung ist dann aber ein wichtiger Punkt; die Farb- oder Lackschicht sollte regelmäßig erneuert werden. Außer Holz, das bildschön „verwittert“ oder gestrichen werden kann (aber bitte nicht weiß!), gibt es noch etwas anderes, nämlich Eisen.

Eisen und Glas

Viele Gewächshäuser, besonders die älteren Ausführungen wurden aus Winkeleisen und Metallverbindungen zusammengesetzt. Eindeutiger Nachteil war die Instandhaltung. Die alten Eisenteile waren nicht galvanisiert und somit rostanfällig. Die Roststellen quollen bei häufiger Feuchtigkeit auf und die Glasscheiben zersprangen. Die Erfahrungen mit diesen Konstruktionen waren also wenig positiv. Haben Sie so ein altes Treibhaus, sollten Sie an dessen Restaurierung nicht sparen, denn eine Billigrestaurierung bereitet Ihnen nur Ärger. Das Objekt

Ich entwarf diesen Garten einschließlich Wintergarten unter dem Gesichtspunkt, starke Farbkontraste und klare Linien zu schaffen.

sollte komplett demontiert und alle Teile vor dem Neuanstrich galvanisiert werden. Das Problem des Rostbefalls ist mittlerweile längst ausgeräumt, denn die modernen Gewächshäuser verfügen fast ausschließlich über Aluminiumrahmen.

Das Material an sich ist nicht besonders schön, daher lasse ich es vor der Montage immer spritzen, vorzugsweise Dunkelgrün oder Dunkelblau. Beim Wintergarten, der am Haus anschließt, muß den Übergängen besondere Beachtung geschenkt werden: Entweder steht der Anbau in klarem Kontrast zum Haus, oder beides bildet eine Einheit wie aus einem Guß. Holz ist in dem Fall wohl am besten geeignet, gerade an einem älteren Haus. Aluminium wirkt meist kontrastierend, aber wenn es gelungen gestaltet ist, macht es sich sehr gut.

Man sieht manchmal auch weniger schöne, protzige Wintergärten, die überhaupt nicht zum Haus passen. So etwas vermindert die Ästhetik und ist auch noch teuer, wenn man bedenkt, daß ein schlechter Entwurf den Wert des ganzen Hauses beträchtlich mindern kann.

Der Wintergarten, hier mit Blick in den Garten, vermittelt fast das Raumgefühl einer Atelierwohnung.

Zwischen Wintergarten und Terrasse

Bei einem Kunden traf ich einen Pavillon aus Eisen an, der völlig verrostet war. Ich schlug vor, das Glas herauszunehmen und den Pavillon zu versetzen. Er wurde in eine sonnige Position versetzt, (denn er hatte vorher schattig gestanden) die Stirnseite nach Süden. Das alte Eisengestell wurde mit Geißblatt, Rosen und Clematis begrünt. Innen wurde ein Boden verlegt, um dort gemütlich sitzen zu können.

Pflanzen für Ihren Wintergarten

Abutilon gibt es in vielen Größen und Blattvarianten. Die Sorte *Abutilon pictum* 'Thompsonii' wächst bis unters Dach. Wenn sie dort angelangt ist, wird sie erst geschnitten. Weiter gibt es kleinblättrige Sorten: *A. megapotamicum* und ihre Unterart *A. m.* 'Variegatum' mit feinerem, kleinerem Blatt und gelber, glöckchenartiger Blüte. Die ideale Temperatur liegt zwischen 0 und 4 °C.

Die Akazie (*Acacia mimosa*) wird ein großer strauchartiger Baum und hat außer dekorativen Blättern hübsch anzusehende gelbe Schirmblüten. *A. dealbata* blüht schon als Jungpflanze; die *A. retinodes* 'Lisette' blüht den ganzen Winter über in hellgelber Farbe. Für sie liegt die ideale Temperatur zwischen 4 und 5 °C.

Ardisia ist eine immergrüne Strauchpflanze mit länglichen grünen Blättern mit darüberliegenden roten Beerentrauben. Sie werden häufig auf Stamm angeboten.

Bambusa kann eine Höhe von 2,50 m erreichen. Am besten stellt man diese unbändig wuchernde Pflanze in einen Topf oder – mit Betonumrandung – in die Erde. Das Blatt ist zierlich und immergrün, die ideale Raumtemperatur ist 0 bis 7 °C.

An dieses moderne Haus in Belgien wurde ein überdachtes Schwimmbecken gebaut. Der Anbau besteht aus einer weißlackierten Alukonstruktion. Auch die Terrasse ist weiß gehalten, die Pflanzen geben minimal Akzente.

Dieses Gewächshaus aus Hartholz wird von den Eigentümern häufig als Leseecke oder zum Teetrinken genutzt, bis im Winter die Orangeriegewächse in Töpfen hineingestellt werden. Hartholz kann verwittern, oder es wird geölt, so daß es dunkel bleibt.

Ananas bracteatus gehört zur großen Bromeliafamilie. Es gibt eine dekorative bunte Art mit schmalen, leicht hängenden Blättern. Ihr Herkunftsland ist Brasilien; die bunte Variante heißt *A. comsus variegatus* und blüht bei Raumtemperaturen zwischen 2 und 27 °C.

Die *Agave* kann 100 Jahre alt werden, speziell die hohe, breite *A. americana*. Für kleinere Wintergärten ist sie ungeeignet, aber beeindruckend in hohen Anbauten und in großen Kübeln. Es gibt sie auch in farbigeren Varianten.

Callistemon oder Lampenputzer hat seinen Namen durch die Form seiner kirschroten Blüten erhalten. Das Blatt besitzt eine feine, graugrüne Färbung; die Pflanze wird etwa 4 Meter hoch, muß bei einem niedrigeren Dach also geschnitten werden. Sie gedeiht am besten bei Raumtemperaturen zwischen 4 und 7 °C.

Wer kein Gewächshaus wünscht, etwa weil es nicht zum Gartentyp paßt, stellt beispielsweise einen kleinen Pavillon auf, in dem sich die Pflanzen auch unterbringen lassen. In der wärmeren Periode genießt man es selbst als Ort zum Sitzen.

Folgende Seiten: Ein Innenhof kann so angelegt werden, daß man herrlich darin verweilen kann, auch wenn er von mehreren Bewohnern benutzt wird.

Bildquellenverzeichnis

A. J. van der Horst, Amsterdam: Titelseite, Seite 6 links, 7, 10, 11, 12 unten, 13 oben, 14, 17, 20, 25 rechts, 26, 27 links, 28, 29, 30 links, 31, 33, 34, 35, 36 oben, 38, 39, 40 links, 41, 42, 43, 45, 46, 47, 48, 49, 50, 51 rechts, 52 unten, 53 rechts, 55, 57 links, 58 unten, 60 rechts, 61, 62, 65, 67, 69, 71 unten, 72 links, 73 unten, 74, 75, 76, 78, 79, 80, 81, 82 links, 83, 88, 90, 91, 92, 93, 95 unten, 96, 97, 98, 99, 100, 101 rechts, 102 oben, 103, 106, 109, 111 rechts, 113, 114, 115, 116, 119, 125 links, 126, 128, 129, 131, 132, 137 unten, 140, 141 rechts

M. Kurpershoek, Amsterdam: Seite 16, 25 links, 27 rechts, 37, 40 rechts, 54, 60 links, 82 rechts, 85, 101 links, 102 unten, 107, 111 links, 122, 130, 135, 141 links

G. Otter, IJsselstein: Seite 6 rechts, 18 unten, 72 rechts, 104, 108, 117, 123, 125 rechts, 133

P. Schut, Haarlem: Seite 12 oben, 15, 18 oben, 19, 30 rechts, 44, 51 links, 52 oben, 53 links, 56, 57 rechts, 58 oben, 63, 64, 66, 68, 70, 71 oben, 73 oben, 77, 84, 87, 89, 94, 95 oben, 104 oben, 110 unten, 118, 120, 121 unten, 124, 127, 137 oben, 138, 139

N. Vermeulen, Groningen: Seite 9, 13 unten, 36 unten, 86, 110 oben, 121 oben

Der Autor dankt Rianne van Bergen, Amsterdam, für ihre unentbehrliche Hilfe beim Entstehen dieses Buches.